Frederick T Holden

Tripertita, a course of easy Latin exercises for preparatory schools

Frederick T Holden

Tripertita, a course of easy Latin exercises for preparatory schools

ISBN/EAN: 9783337141745

Printed in Europe, USA, Canada, Australia, Japan

Cover: Foto ©Paul-Georg Meister /pixelio.de

More available books at **www.hansebooks.com**

TRIPERTITA

[Second Series]

By *the same Author.*

TRIPERTITA
[FIRST SERIES]

Crown 8vo, 2s.

RIVINGTONS: LONDON

TRIPERTITA

[SECOND SERIES]

A COURSE OF EASY LATIN EXERCISES
FOR PREPARATORY SCHOOLS

*ARRANGED TO SUIT THE THREEFOLD
DIVISION OF THE YEAR*

BY

FREDERICK T. HOLDEN, M.A.

LATE OF EMMANUEL COLLEGE, CAMBRIDGE; ASSISTANT MASTER
AT CARGILFIELD PREPARATORY SCHOOL, EDINBURGH

RIVINGTONS
WATERLOO PLACE, LONDON

MDCCCLXXXVI

PREFACE

The reception which met the First Series of Tripertita has encouraged me to persevere in my intention of writing a Second Series, dealing with Rules of a rather more advanced kind.

In this Second Series I have thought it advisable to continue to give such help as will enable a boy to dispense, for the present with the use of a Dictionary. I have however made an exception in the case of those words which are commonly used as examples in Grammars, and of Proper Names, about which, for the most part, no information has been given.

F. T. HOLDEN.

Edinburgh, 1886.

CONTENTS.

EXERCISE	PART I.	PART II.	PART III.
I. Commands,	Page 2	78	164
II. The Relative in the Nominative,	4	80	166
III. The Relative in the Accusative,	6	84	170
IV. The Relative in the Genitive, Dative, and Ablative,	10	88	174
V. The Ablative of the Thing Compared,	14	92	178
VI. Motion to and from a Town,	16	96	182
VII. The Locative Case,	18	100	186
VIII. The Ablative of Time,	22	104	190
IX. Duration of Time, and Measure of Space,	24	108	194
X. Words Governing the Ablative,	28	112	198
XI. The Ablative Absolute—The Perfect Participle Passive,	32	116	202
XII. The Ablative Absolute—Other Participles,	36	120	206
XIII. The Ablative Absolute—The English Perfect Participle Active,	40	124	210
XIV. The Accusative and Infinitive,	44	128	214
XV. The Accusative and Infinitive,—*Se*, *Eum*, etc.,	48	132	218
XVI. to XXV. Recapitulatory, on foregoing rules,	52	136	222

EXERCISES

A

PART I.

EXERCISE I.
Commands.

A.
(The Imperative Mood.)

1. Advise your-sons, O-mothers.
2. Cultivate virtue, O-my son.
3. Punish the wicked woman, O-just judge.
4. Honour the queen, O-boys.
5. Be-advised, O-maidens.
6. Exhort the allies, O-Labienus.
7. Follow me, fellow-soldiers.
8. Flee, O-cowardly sailors.
9. Prepare supper, O-slaves.
10. Advance to the river, O-knights.

B.
(*Let*, the sign of the Present Conjunctive.)

11. Let-him-remain in the city.
12. Let-the-soldiers watch.
13. Let-us-make an attack upon the enemy.
14. Let-the-knights lay-waste the fields.
15. Let-wicked citizens be-punished.
16. Let-the-king be-honoured.
17. Let-Crassus follow the messenger.
18. Let-the-boy and the girl laugh.
19. Let-ambassadors be-sent.
20. Let-us-return into the camp.

EXERCISE I.

Commands.

A.

1. Mŏneo, 2 : fīlius : mā-ter, -*tris*.
2. Cŏlo, 3 : virt-ūs, -*ūtis* : meus : fīlius, m.
3. Pūnio, 4 : imprŏb-us, -*a*, -*um* : mŭli-er, -*ĕris*, f. : just-us, -*a*, -*um* : jūdex, m.
4. Hŏnōro, 1 : rēgīn-a, -*ae* : puer.
5. Mŏneo, 2 : virgo.
6. Hortor, *dep.*, 1 : sŏci-us, -*i* : Labiēnus.
7. Sĕquor, *dep.*, 3 : ĕgo : commīlĭt-o, -*ōnis*.
8. Fŭgio, 3 : ignāv-us, -*a*, -*um* : naut-a, -*ae*, m.
9. Păro, 1 : coen-a, -*ae* : serv-us, -*i*.
10. Prōcēdo, 3 : ad : flūm-en, -*ĭnis* : ĕqu-es, -*ĭtis*.

B.

11. Măneo, 2 : in : urbs, *urbis*.
12. Mīl-es, -*ĭtis* : vĭgĭlo, 1.
13. Făcio, 3 : impĕt-us, -*ūs* : in : host-is, -*is*.
14. Ĕqu-es, -*ĭtis* : vasto, 1 : ăger, *agri*.
15. Imprŏb-us, -*a*, -*um* : cīv-is, -*is*, c. : pūnio, 4.
16. Rex, *rēgis* : hŏnōro, 1.
17. Crassus : sĕquor, *dep.*, 3 : nunti-us, -*i*.
18. Puer : et : puell-a, -*ae* : rīdeo, 2.
19. Lēgāt-us, -*i* : mitto, 3.
20. Rĕdeo, *anom.*, 4 : in : castr-a, -*ōrum*, *plu.*

EXERCISE II.

The Relative in the Nominative.

A.

1. The soldier, who killed the general's horse, was-called Marcus.
2. The old-man has-cut-down the tree, which grew in our garden.
3. We-have-seen the town, which was-taken lately by the Gauls.
4. The sailors, who were-laying-waste the fields, were-put-to-flight by the knights.
5. The cities, which have-been-destroyed, were very-famous.
6. You, who imitate your-father, despise me, who love my-mother.
7. We, who remained in the city, saw the general of-the-tenth legion.
8. The temples, which were-being-plundered by the soldiers, were sacred to-Diana and to-Juno.
9. We-will-exhort the soldiers, who are-fighting for their-country.
10. You-have-punished the women, who broke the laws of-the-state.

B.

11. Pompey, having-been-conquered by Caesar, fled to Egypt.
12. These girls, the daughters of-the-king, had-plucked many flowers.
13. The hunters, who are-wandering in the wood, have-heard the voice of-the-nightingale.
14. The robber has-killed the old-woman, who was-sleeping in the cave.
15. The house, which has-been-built by Marcus, is very-lofty.
16. Let-the-maidens sing and dance.
17. Surround the conqueror's head with-a-garland, O-happy citizens.
18. The slave, having-followed his-master, saw the enemy's camp.
19. Appease the anger of-your-father with-a-gift, O-boy.
20. Those books are-considered very-useful to-young-men.

EXERCISE II.
The Relative in the Nominative.
A.

1. Mīl-es, -ĭtis, m. : qui : interfĭcio, -fēci, 3 : ĕqu-us, -i : dux, dŭcis : vŏcor, 1 : Marcus.
2. Sĕnex : suc-cīdo, -cīdi, 3 : arb-or, -ŏris, f. : qui : cresco, crēvi, 3 : in : noster : hort-us, -i, m.
3. Vĭdeo, vīdi, 2 : oppĭd-um, -i, n. : qui : căpio, cēpi, captum, 3 : nūper : a : Gall-i, -ōrum, plu.
4. Naut-a, -ae, m : qui : vasto, 1 : ăger, agri : fŭgo, 1 : ab : ĕqu-es, -ĭtis.
5. Urbs, urbis, f. : qui : dēl-eo, -ēvi, -ētum, 2 : sum : illustr-is, -e.
6. Tu : qui : ĭmĭtor, dep., 1 : păter : sperno, 3 : ĕgo : qui : ămo, 1 : mā-ter, -tris.
7. Ĕgo : qui : măneo, mansi, 2 : in : urbs, urbis : vĭdeo, vīdi, 2 : dux, dŭcis : dĕcĭm-us, -a, -um : lĕgi-o, -ōnis, f.
8. Templ-um, -i, n. : qui : dīrĭpio, 3 : a : mīl-es, -ĭtis : sum : să-cer, -cra, -crum : Diān-a, -ae : et : Jūn-o, -ōnis.
9. Hortor, dep., 1 : mīl-es, -ĭtis, m. : qui : pugno, 1 : pro : patri-a, -ae.
10. Pūnio, 4 : mŭli-er, -ĕris, f. : qui : viŏlo, 1 : lex : cīvĭt-as, -ātis.

B.

11. Pompēius, m. : vinco, vīci, victum, 3 : a : Caes-ar, -ăris : fŭgio, fūgi, 3 : in : Aegypt-us, -i.
12. Hic : puell-a, -ae, f. : fīli-a, -ae : rex, rēgis : carpo, carpsi, 3 : mult-us, -a, -um : flos, flōris, m.
13. Vēnāt-or, -ōris, m. : qui : văgor, dep., 1 : in : silv-a, -ae : audio, 4 : vox, vōcis : luscĭni-a, -ae.
14. Latr-o, -ōnis : inter-fĭcio, -fēci, 3 : ăn-us, -ūs, f. : qui : dormio, 4 : in : antr-um, -i.
15. Dŏm-us, -ūs, f. : qui : aedifĭco, 1 : a : Marcus : sum : alt-us, -a, -um.
16. Virgo : canto, 1 : et : salto, 1.
17. Cingo, 3 : căput : vict-or, -ōris : cŏrōn-a, -ae : fēlix : cīv-is, -is, c.
18. Serv-us, -i, m. : sĕquor, sĕcūtus sum, dep., 3 : dŏmĭnus : vĭdeo, vīdi, 2 : castr-a, -ōrum, plu. : host-is, -is.
19. Plăco, 1 : īr-a, -ae : păter : dōn-um, -i : puer.
20. Ille : lĭ-ber, -bri, m. : hăbeor, 2 : ūtĭl-is, -e : ădŏlesc-ens, -entis.

EXERCISE III.

The Relative in the Accusative.

A.

1. The army, which Caesar had-raised, was-sent into Gaul.
2. The eagle, which the farmer killed, had-seized a lamb with-his-talons.
3. The city, which we-have-seen, is-called Edinburgh.
4. The animals, which the hunter has-caught, are-called hares.
5. We, whom you-despise, are the sons of-the-woman, whom you-saw yesterday.
6. The citizens will-admire the oak, which the old-man has-cut-down with-an-axe.
7. Ye, whom I-have-praised, are-considered very-brave soldiers.
8. The women, whom Caesar's soldiers have-married, have-remained in the town.
9. The sailor, whom the children loved, died to-day.
10. The gifts, which my-mother gave me, are very-precious.

EXERCISE III.

The Relative in the Accusative.

A.

1. Exercĭt-us, *-ūs*, m. : qui : Caesar : compăro, 1 : mitto, *mīsi, missum*, 3 : in : Galli-a, *-ae*.
2. Ăquĭl-a, *-ae*, f. : qui : agrĭcŏl-a, *-ae* : oc-cīdo, -cīdi, 3 : corrĭpio, *corrĭpui*, 3 : agn-us, *-i* : ungu-is, *-is*.
3. Urbs, *urbis*, f. : qui : vĭdeo, *vīdi*, 2 : vŏcor, 1 : Edīn-a, *-ae*.
4. Ănĭm-al, -ălis, n. : qui : vēnāt-or, *-ōris* : căpio, *cēpi*, 3 : vŏcor, 1 : lĕp-us, *-ŏris*.
5. Ĕgo : qui : sperno, 3 : sum : fīlius : mŭli-er, *-ĕris*, f. : qui : vĭdeo, *vīdi*, 2 : hĕri.
6. Cīv-is, *-is* : admīror, *dep.*, 1 : querc-us, *-ūs*, f. : qui : sĕnex : suc-cīdo, -cīdi, 3 : sĕcūris, *-is*.
7. Tu : qui : laudo, 1 : hăbeor, 2 : fort-is, *-e* : mīl-es, *-ĭtis*, m.
8. Mŭli-er, *-ĕris*, f. : qui : mīl-es, *-ĭtis* : Caes-ar, *-ăris* : dūco, *duxi*, 3 : măneo, *mansi*, 2 : in : oppĭd-um, *-i*.
9. Naut-a, *-ae*, m. : qui : lībĕr-i, *-ōrum, plu.* : ămo, 1 : mŏrior, *mortuus sum, dep.*, 3 : hŏdiē.
10. Dōn-um, *-i*, n. : qui : mā-ter, *-tris* : do, *dĕdi*, 1 : ĕgo : sum : prĕtiōs-us, *-a, -um*.

EXERCISE III.—*continued*.

B.

11. The **speeches, which** Cicero composed, are-considered **very-good**.
12. **The Gauls** were-frightened by-the-shouts of-the-Romans.
13. The ships, which have-come into the harbour to-day, will-soon depart.
14. **The** mother gave the **poppies,** which were-growing in the **garden,** to-her-daughter Julia.
15. Let-the-letters be-sent at-once.
16. The **enemy** have-pitched their-camp **near the river** Rhine.
17. The soldiers would-have-been-hindered by-the-marshes and forests.
18. The farmer and the ploughman, who were-walking in the **field,** were-killed by-the-arrows **of-the-**hunters.
19. Sing, happy birds, **in** the shady **woods.**
20. Let-the-master punish lazy boys.

EXERCISE III.—*continued*.

B.

11. Orāti-o, *-ōnis*, f. : qui : Cĭcĕro : făcio, *fēci*, 3 : hăbeor, 2 : bŏnus.
12. Gall-i, *-ōrum, plu.* : terreo, 2 : clām-or, *-ōris* : Rōmān-i, *-ōrum, plu.*
13. Nāvis, *-is*, f. : qui : vĕnio, *vēni*, 4 : in : port-us, *-ūs* : hŏdiē : mox : ăbeo, *anom.*, 4.
14. Mā-ter, *-tris* : do, *dĕdi*, 1 : păpāv-er, *-ĕris*, n. : qui: cresco, 3 : in : hort-us, *-i* : fīli-a, *-ae* : Jūlia.
15. Ĕpistŏl-a, *-ae* : mitto, 3 : stătim.
16. Host-is, *-is* : pōno, pŏsui, 3 : castr-a, *-ōrum, plu.* : ad : flūm-en, *-ĭnis* : Rhēn-us, *-i*.
17. Mīl-es, *-ĭtis*, m. : impĕdio, 4 : păl *-ūs, -ūdis* : et : silv-a, *-ae*.
18. Agrĭcŏl-a, *-ae*, m. : et : ărāt-or, *-ōris*, m. : qui : ambŭlo, 1 : in : ăger, *agri* : inter-fĭcio, *-fēci, -fectum*, 3 : săgitt-a, *-ae* : vēnāt-or, *-ōris*.
19. Canto, 1 : beāt-us, *-a, -um* : ăv-is, *-is*, f. : in : umbrŏs-us, *-a, -um* : silv-a, *-ae*, f.
20. Măgister : pūnio, 4 : ignāv-us, *-a, -um* : puer, m.

EXERCISE IV.

The Relative in the Genitive, Dative, and Ablative.

A.

1. The boy, to-whom I-have-given the book, has a wealthy father.
2. The queen, whose sons have long beards, is dear to-good citizens.
3. The farmers, whose apples the boys have-stolen, were-walking in the garden.
4. The conspirators, by whom Caesar was-slain, fled from the Senate-house.
5. The sailors, to-whom Crassus promised a reward, have-come into the city.
6. The slave bought the book, about which I-spoke yesterday.
7. The city, out-of which the soldiers ran, was-betrayed by the centurion.
8. The country, for which you-are-fighting, was dear to-your-ancestors.
9. We-have-seen the spears, with-which many Gauls have-been-killed.
10. The woods, by-which the soldiers are-hindered, will-be-cut-down with-axes and saws.

EXERCISE IV.

The Relative in the Genitive, Dative, and Ablative.

A.

1. Puer, m. : qui: do, *dĕdi*, 1 : lĭ-ber, *-bri* : hăbeo, 2 : ŏpŭlent-us, *-a, -um* : păter, m.
2. Rēgīn-a, *-ae*, f. : qui : fīlius : hăbeo, 2 : long-us, *-a, -um* : barb-a, *-ae*, f. : sum : cār-us, *-a, -um*: bŏnus : cīv-is, *-is*, c.
3. Agrĭcŏl-a, *-ae*, m. : qui : māl-um, *-i* : puer : sur-rĭpio, -rĭpui, 3 : ambŭlo, 1 : in : hort-us, *-i*.
4. Conjūrāt-i, *-ōrum, plu.*, m. : a : qui : Caesar : inter-fĭcio, *-fēci, -fectum*, 3 : fŭgio, *fūgi*, 3 : e : Cūri-a, *-ae*.
5. Naut-a, *-ae*, m.: qui: Crassus: prō-mitto,*-mīsi*, 3 : praemi-um, *-i* : vĕnio, *vēni*, 4 : in : urbs, *urbis*.
6. Serv-us, *-i* : ĕmo, *ēmi*, 3 : lĭ-ber, *-bri*, m. : de : qui : dīco, *dixi*, 3 , hĕri.
7. Urbs, *urbis*, f. : ex: qui : mīl-es, *-ĭtis* : curro, *cŭcurri*, 3 : prō-do, *-dĭdi, -dĭtum*, 3 : a : centŭri-o, *-ōnis*.
8. Patri-a, *-ae*, f. : pro : qui : pugno, 1 : sum : cār-us, *-a, -um* : mājōr-es, *-um, plu*.
9. Vĭdeo, *vīdi*, 2 : hast-a, *-ae*, f. : qui : mult-us, *-a, -um* : Gall-i, *-ōrum, plu.*, m. : inter-fĭcio, *-fēci, -fectum*, 3.
10. Silv-a, *-ae*. f.: qui : mīl-es, *-ĭtis*: impĕdio, 4 : succīdo, 3 : sĕcūr-is, *-is* : et : serr-a, *-ae*.

EXERCISE IV.—*continued.*

B.

11. Plato was a very-wise philosopher.
12. **The knights,** having-been-driven-back by-the-weapons of-the-enemy, fled into the **nearest** village.
13. **My wife has-given a** book to-her-sister, who is-considered very-beautiful.
14. The daggers, with-which **Caesar was-**killed, were-left **in the** Senate-house.
15. **The old-man has-lost the axe, with-which** he-has-cut-down **many elms and beeches.**
16. **The slave** has-buried the bones of-his-master, **which** he-found in the road.
17. **The** shepherd, by whom **Romulus** and **Remus were-**brought-up, was-called Faustulus.
18. **The** merchant, whose ships have-been-shattered by-the-**violence of-the-storm, has-lived** for-a-long-time in this town.
19. **Let-the-soldiers fight bravely for their-country.**
20. Caesar, having-advanced to the river, exhorted his-soldiers.

EXERCISE IV.—*continued.*

B.

11. Plăto : sum : săpi-ens, *-entis, adj.* : phĭlŏsŏph-us, *-i*, m.
12. Ĕqu-es, *-ĭtis*, m. : rĕ-pello, *-pŭli, -pulsum*, 3 : tēl-um, *-i* : host-is, *-is* : fŭgio, *fūgi*, 3 : in : proxĭm-us, *-a, -um* : vīc-us, *-i*, m.
13. Meus : ux-or, *-ōris*, f. : do, *dĕdi*, 1 : lĭ-ber, *-bri* : sŏr-or, *-ōris*, f. : qui : hăbeor, 2 : pul-cher, *-chra, -chrum.*
14. Pŭgi-o, *-ōnis*, m. : qui : Caesar : inter-fĭcio, *-fēci, -fectum*, 3 : rĕ-linquo, *-līqui, -lictum*, 3 : in : Cūri-a, *-ae.*
15. Sĕnex : ā-mitto, *-mīsi*, 3 : sĕcūr-is, *-is*, f. : qui : suc-cīdo, *-cīdi*, 3 : mult-us, *-a, -um* : ulm-us, *-i*, f. : et : făg-us, *-i*, f.
16. Serv-us, *-i* : sĕpĕl-io, *-ivi*, 4 : ŏs, *ossis*, n. : dŏmĭn-us, *-i* : qui : in-vĕnio, *-vēni*, 4 : in : vi-a, *-ae.*
17. Past-or, *-ōris*, m. : a : qui : Rōmŭlus : et : Rĕmus : ēdūco, 1 ; vŏcor, 1 : Faustŭlus.
18. Mercāt-or, *-ōris*, m. : qui : nāv-is, *-is*, f. : frango, *frēgi, fractum*, 3 : vis, *defect.* : prŏcell-a, *-ae* : hăbĭto, 1 : diu : in : hic : oppĭd-um, *-i*, n.
19. Mīl-es, *-ĭtis* : pugno, 1 : fortĭter : pro : patri-a, *-ae.*
20. Caesar : prō-grĕdior, *-gressus sum, dep.*, 3 : ad : flūm-en, *-ĭnis* : hortor, *dep.*, 1 : mīl-es, *-ĭtis.*

EXERCISE V.
The Ablative of the Thing Compared.
A.

1. An old-man is wiser than a boy.
2. I-have-never seen a more-beautiful city than Edinburgh.
3. The country is more-pleasant than the town.
4. Dogs are more-sagacious than cows.
5. Virtue is better than gold or silver.
6. These soldiers are braver than lions.
7. Caesar had no lieutenant more-faithful than Labienus.
8. The moon is smaller than the earth.
9. Many stars are larger than the sun.
10. Socrates was wiser than many philosophers.

B.

11. The conspirators have-been-driven from the city.
12. The revenues of-this kingdom, which we-inhabit, are very-large.
13. Caesar's cat has a longer tail than Pompey's dog.
14. I-have-seen the swallows, which have-built their-nest under our roof.
15. The general, for-whom the slaves have-prepared lunch, was-waiting-for the arrival of-his-wife and sisters.
16. The king, having-been-praised by his-friends, sat-down.
17. The ambassadors were-treating with the consul about peace.
18. Iron is more-useful to-men than gold and silver.
19. The old-man, who was-walking with his-slave in the garden, is-considered wiser than the king.
20. The soldiers will-break-up their-camp in-silence.

EXERCISE V.

The Ablative of the Thing Compared.

A.

1. Sĕnex, m. : sum : săpi-ens, -*entis*, *adj.* : puer.
2. Nunquam : vĭdeo, *vīdi*, 2 : pul-cher, -*chra*, -*chrum* : urbs, *urbis*, f. : Edīn-a, -*ae*.
3. Rus, *rūris*, n. : sum : jūcund-us, -*a*, -*um* : oppĭd-um, -*i*.
4. Căn-is, -*is*, c. : sum : săg-ax, -*ācis*, *adj.* : vacc-a, -*ae*.
5. Virt-ūs, -ūtis, f. : sum : bŏnus : aur-um, -*i* : vel : argent-um, -*i*.
6. Hic : mīl-es, -*ĭtis*, m. : sum : fort-is, -*e* : leo.
7. Caesar : hăbeo, 2 : null-us, -*a*, -*um* : lēgāt-us, -*i*, m. : fīdēl-is, -*e* : Labiēn-us, -*i*.
8. Lūn-a, -*ae*, f. : sum : parv-us, -*a*, -*um* : terr-a, -*ae*.
9. Mult-us, -*a*, -*um* : stell-a, -*ae*, f. : sum : magn-us, -*a*, -*um* : sol, *sōlis*.
10. Sōcrătes : sum : săpi-ens, -*entis*, *adj.* : mult-us, -*a*, -*um* : phĭlŏsŏph-us, -*i*, m.

B.

11. Conjūrāt-i, -*ōrum*, *plu.* : ex-pello, -*pŭli*, -*pulsum*, 3 : ex : urbs, *urbis*.
12. Vectīg-al, -*ālis*, n. : hic : regn-um, -*i*, n. : qui : incŏlo, 3 : sum : magn-us, -*a*, -*um*.
13. Fēl-es, -*is* : Caes-ar, -*ăris* : hăbeo, 2 : long-us, -*a*, -*um* : caud-a, -*ae*, f. : căn-is, -*is* : Pompēi-us, -*i*.
14. Vĭdeo, *vīdi*, 2 : hĭrund-o, -*ĭnis*, f. : qui : con-struo, -*struxi*, 3 : nīd-us, -*i* : sub : noster : tect-um, -*i*, n.
15. Dux, *dŭcis*, m. : qui : serv-us, -*i* : păro, 1 : prandi-um, -*i* : exspecto, 1 : advent-us, -*ūs* : ux-or, -*ōris* : et : sŏr-or, -*ōris*.
16. Rex, *rēgis*, m. : laudo, 1 : ab : ămīc-us, -*i* : con-sīdo, -sēdi, 3.
17. Lēgāt-us, -*i* : ăgo, 3 : cum : cons-ul, -*ŭlis* : de : pax, *pācis*.
18. Ferr-um, -*i*, n. : sum : ūtĭl-is, -*e* : hŏm-o, -*ĭnis* : aur-um, -*i* : et : argent-um, -*i*.
19. Sĕnex, m. : qui : ambŭlo, 1 : cum : serv-us, -*i* : in : hort-us, -*i* : hăbeor, 2 : săpi-ens, -*entis*, *adj.* : rex, *rēgis*.
20. Mīl-es, -*ĭtis* : mŏveo, 2 : castr-a, -*ōrum* : sĭlenti-um, -*i*.

EXERCISE VI.
Motion to and from a Town.[1]
A.
1. Caesar, having-set-out from-Lutetia, will-go home.
2. Regulus went from-Carthage to-Rome.
3. The prisoners were-brought from-Athens to-Thebes.
4. The enemy fled from-Brindisi to-Capua.
5. The ambassadors would-have-returned home.
6. My-friend and I are-going into-the-country.
7. The sailors have-sailed from-Rhodes to-Cyprus.
8. Let-us-send a messenger from-Mantua to-Cortona.
9. The farmers were-returning to-Athens from-the-country.
10. Tarquinius, having-been-driven from-Rome, fled to-Caere.

B.
11. The knights, who have-been-sent to-Gergovia, will-be-able to-return to-morrow into the Roman Province.
12. Vercingetorix drove from the state the old-men, by whom he-had-previously been-banished.
13. Let-the-army advance across the river to the gates of-the-town.
14. Write many letters, O-girls.
15. The robbers, whom the farmer and the traveller have-killed, were stronger than lions.
16. My grandfather is richer than your uncle.
17. Ovid and Virgil, whose books are-read by many boys, were famous poets.
18. The consuls, having-set-out from-Capua, will-return home immediately.
19. Let-us-sail from-Brindisi to-Alexandria.
20. Many prisoners would-have-been-brought from-Tarentum to-Rome.

[1] N.B.—Domus, *home*, rus, *the country*, and names of small islands, follow the same rule as names of towns.

EXERCISE VI.
Motion to and from a Town.

A.

1. Caesar, m. : prŏ-fĭciscor, *-fectus sum, dep.*, 3 : Luteti-a, *-ae* : eo, *anom.*, 4 : dŏm-us, *-ūs*.
2. Rēgŭlus : eo, *ivi, anom.*, 4 : Carthāg-o, *-ĭnis* : Rōm-a, *-ae*.
3. Captīv-us, *-i*, m. : ad-dūco, *-duxi, -ductum*, 3 : Ăthēn-ae, *-ārum, plu.* : Thēb-ae, *-ārum, plu.*
4. Host-is, *-is* : fŭgio, *fūgi*, 3 : Brundŭsi-um, *-i* : Căpu-a, *-ae*.
5. Lēgāt-us, *-i* : rĕd-eo, *-ii, anom.*, 4 : dŏm-us, *-ūs*.
6. Ămīc-us, *-i* : et : ĕgo : eo, *anom.*, 4 : rus, *rūris*.
7. Naut-a, *-ae* : nāvĭgo, 1 : Rhŏd-us, *-i* : Cypr-us, *-i*.
8. Mitto, 3 : nunti-us, *-i* : Mantu-a, *-ae* : Cortōn-a, *-ae*.
9. Agrĭcŏl-a, *-ae* : rĕdeo, *anom.*, 4 : Ăthēn-ae, *-ārum, plu.* : rus, *rūris*.
10. Tarquinius : ex-pello, *-pŭli, -pulsum*, 3 : Rōm-a, *-ae* : fŭgio, *fūgi*, 3 : Caere, *indecl.* n.

B.

11. Ĕqu-es, *-ĭtis*, m. : qui : mitto, *mīsi, missum*, 3 : Gergŏvi-a, *-ae* : possum, *anom.* : rĕdeo, *anom.*, 4 : cras : in : Rōmān-us, *-a, -um* : Prōvinci-a, *-ae*, f.
12. Vercingĕtŏrix : ex-pello, *-pŭli*, 3 : ex : cīvĭt-as, *-ātis* : sĕn-ex, *-is*, m. : a : qui : antea : ē-jĭcio, *-jēci, -jectum*, 3.
13. Exercĭt-us, *-ūs* : prō-grĕdior, *-gressus sum, dep.*, 3 : trans : flŭvi-us, *-i* : ad : port-a, *-ae* : oppĭd-um, *-i*.
14. Scrībo, 3 : mult-us, *-a, -um* : ĕpistŏl-a, *-ae*, f. : puell-a, *-ae*.
15. Latr-o, *-ōnis*, m. : qui : agrĭcŏl-a, *-ae* : et : viāt-or, *-ōris* : inter-fĭcio, *-fēci*, 3 : sum : vălĭd-us, *-a, -um* : leo.
16. Meus : ăv-us, *-i*, m. : sum : dīv-es, *-ĭtis, adj.* : tuus : patru-us, *-i*, m.
17. Ovĭdius : et : Virgĭlius : qui : lĭ-ber, *-bri* : lĕgo, 3 : a : mult-us, *-a, -um* : puer, m. : sum : illustr-is, *-e* : poēt-a, *-ae*, m.
18. Cons-ul, *-ŭlis*, m. : prō-fĭciscor, *-fectus sum, dep.*, 3 : Căpu-a, *-ae* : rĕdeo, *anom.*, 4 : dŏm-us, *-ūs* : stătim.
19. Nāvĭgo, 1 : Brundŭsi-um, *-i* : Ălexandri-a, *-ae*.
20. Mult-us, *-a, -um* : captīv-us, *-i*, m. : ad-dūco, *-duxi, -ductum*, 3 : Tărent-um, *-i* : Rōm-a, *-ae*.

EXERCISE VII.

The Locative.[1]

A

1. We-have-lived for-a-long-time at-Athens.
2. Alexander died at-Babylon.
3. The philosopher will-remain at-Corinth.
4. Regulus was-put-to-death at-Carthage.
5. Cyrus raised a large army at-Sardis.
6. Three legions halted at-Volsinii.
7. You will-live in-the-country: but I shall-stay at-home.
8. Many soldiers, whose valour was-known at-the-wars, were-left on-the-ground.
9. The sailors have-left their-wives at-Rome.
10. Some remained at-Marseilles, others at-Gabii.

[1] N.B. Domi, *at home;* humi, *on the ground;* ruri, *in the country;* vesperi, *in the evening;* belli and militiae, *at the wars.*

EXERCISE VII.

The Locative.

A.

1. Hăbĭto, 1 : diu : Ăthēn-ae, -*ārum, plu.*
2. Ălexander : mŏrior, *mortuus sum, dep.*, 3 : Băbў̆l-on, *-ōnis.*
3. Phĭlŏsŏph-us, -*i* : măneo, 2 : Cŏrinth-us, -*i.*
4. Rēgŭlus : inter-fĭcio, *-fēci, -fectum,* 3 : Carthāg-o, *-ĭnis.*
5. Cȳrus : compăro, 1 : ingens : exercĭt-us, *-ūs,* m. : Sard-es, *-ium, plu.*
6. Tres : lĕgi-o, *-ōnis,* f. : con-sisto, *-stĭti,* 3 : Volsĭni-i, *-ōrum, plu.*
7. Tu : hăbĭto, 1 : rus, *rūris* : sed : ĕgo : măneo, 2 : dŏm-us, *-ūs.*
8. Mult-us, *-a, -um* : mīl-es, *-ĭtis,* m. : qui : virt-ūs, *-ūtis,* f. : cogn-osco, *-ōvi, -ĭtum,* 3 : bell-um, -*i* : rĕ-linquo, *-līqui, -lictum,* 3 : hŭm-us, -*i.*
9. Naut-a, *-ae* : rĕ-linquo, *-līqui,* 3 : ux-or, *-ōris* : Rōm-a, *-ae.*
10. Ălius : măneo, *mansi,* 2 : Massĭli-a, *-ae* : ălius : Găbi-i, *-ōrum, plu.*

EXERCISE VII.—*continued.*

B.

11. The queen, having-followed the slave, heard the voice of-the-king.
12. The messengers, whom I-sent to-Capua, will-return presently to-Athens.
13. Miltiades, by whose valour the Persians were-defeated near Marathon, has-been-fined by his-fellow-citizens.
14. The founder of-this city, which you-see, was-called Romulus.
15. The horses of-the-hunters were-killed by-the-javelins and arrows of-the-enemy.
16. The legions would-have-been-led into the city in-the-evening.
17. Caesar was-not able to-set-out from-Genabum without his-cavalry.
18. Let-us-return to Italy from-Carthage.
19. We wish to-stay at-home, but you are-going into-the-country.
20. My father and mother have-lived at-Miletus and at-Cadiz for-a-long-time.

EXERCISE VII.—*continued*.

B.

11. Rēgīn-a, -*ae*, f. : sĕquor, *sĕcŭtus sum*, *dep.*, 3 : serv-us, -*i* : audio, 4 : vox, *vōcis* : rex, *rēgis*.
12. Nunti-us, -*i*, m. : qui : mitto, *mīsi*, 3 : Căpu-a, -*ae* : rĕdeo, *anom.*, 4 : mox : Ăthēn-ae, -*ārum*, *plu*.
13. Miltiădes, m. : qui : virt-ūs, -*ūtis* : Pers-ae, -*ārum, plu.*, m. : vinco, *vīci*, *victum*, 3 : ăpud : Mărăth-on, -*ōnis* : mulcto, 1 : a : cīv-is, -*is*.
14. Condĭt-or, -*ōris*, m. : hic : urbs, *urbis*, f. : qui : vĭdeo, 2 : vŏcor, 1 : Rōmŭlus.
15. Ĕqu-us, -*i*, m. : vēnāt-or, -*ōris* : oc-cīdo, -*cīdi*, -*cīsum*, 3 : jăcŭl-um, -*i* : et : săgitt-a, -*ae* : host-is, -*is*.
16. Lĕgi-o, -*ōnis*, f. : ad-dūco, -*duxi*, -*ductum*, 3 : in : urbs, *urbis* : vesp-er, -*ĕri*, and -*ĕris*.
17. Caesar : non : possum, *pŏtui*, *anom.* : prŏfĭciscor, *dep.*, 3 : Genăb-um, -*i* : sĭne : ĕquĭtāt-us, -*ūs*.
18. Rĕdeo, *anom.*, 4 : in : Ităli-a, -*ae* : Carthāg-o, -*ĭnis*.
19. Ĕgo : vŏlo, *anom.* : măneo, 2 : dŏm-us, -*ūs* : sed : tu : eo, *anom.*, 4 : rus, *rūris*.
20. Meus : păter, m. : et : mā-ter, -*tris* : hăbĭto, 1 : Milēt-us, -*i* : et : Gād-es, -*ium*, *plu.* : diu.

EXERCISE VIII.

The Ablative of Time.

A.

1. Marcus will-set-out at-the-sixth hour.
2. The country is pleasant in-spring.
3. The town is more-pleasant in-the-winter.
4. In-autumn the leaves will-fall.
5. Pompey will-take the town in-three days.
6. The soldiers will-be-led into winter-quarters in-the-ninth month.
7. In-summer the birds sing in our garden.
8. Caesar conquered Gaul in-ten years.
9. Many-people die in-one day.
10. The work was-finished on-the-third day.

B.

11. The farmer, who is-ploughing the field, will-praise his-faithful slaves.
12. The women, whose sons Sulla has-banished from-Rome, have-shed many tears.
13. Let-Caesar remain at-Gergovia or at-Vellaunodunum.
14. In-five days we-will-return to-Carthage from Italy.
15. Nothing is sweeter than honey.
16. In-autumn the swallows will-depart from Britain.
17. My-friends and I have-fled from-Byzantium to-Thebes.
18. The needles, which Caesar gave Calpurnia, were very-sharp.
19. Morals are-corrupted by-the-love of-riches.
20. The robbers were-lying on-the-ground in-silence.

EXERCISE VIII.

The Ablative of Time.

A.

1. Marcus : prŏfĭciscor, *dep.*, 3 : sext-us, *-a, -um* : hōr-a, *-ae*, f.
2. Rus, *rūris*, n. : sum : jūcund-us, *-a, -um* : ver, *vēris*.
3. Oppĭd-um, *-i*, n. : sum : jūcund-us, *-a, -um* : hi-ems, *-ĕmis*.
4. Auctumn-us, *-i* : frons, *frondis* : cădo, 3.
5. Pompēius : căpio, 3 : oppĭd-um, *-i* : tres : dies, m.[1]
6. Mīl-es, *-ĭtis* : dūco, 3 : in : hībern-a, *-ōrum, plu.* : nōn-us, *-a, -um* : mens-is, *-is*, m.
7. Aest-as, *-ātis* : ăv-is, *-is* : canto, 1: in : noster : hort-us, *-i*, m.
8. Caesar : vinco, *vīci*, 3 : Galli-a, *-ae* : dĕcem : ann-us, *-i*, m.
9. Mult-us, *-a, -um* : mŏrior, *dep.*, 3 : ūnus : dies, m.
10. Ŏp-us, *-ĕris*, n. : con-fĭcio, *-fēci, -fectum*, 3 : terti-us, *-a, -um* : dies, m.

B.

11. Agrĭcŏl-a, *-ae*, m. : qui : ăro, 1 : ăger, *agri* : laudo, 1 : fĭdēl-is, *-e* : serv-us, *-i*, m.
12. Mŭli-er, *-ĕris*, f. : qui : fīlius : Sulla : ex-pello, *-pŭli*, 3 : Rōm-a, *-ae* : fundo, *fūdi*, 3 : mult-us, *-a, -um* : lacrĭm-a, *-ae*, f.
13. Caesar : măneo, 2 : Gergŏvi-a, *-ae* : aut : Vellaunodūn-um, *-i.*
14. Quinque : dies, m. : rĕdeo, *anom.*, 4 : Carthāg-o, *-ĭnis* : ex : Ităli-a, *-ae*.
15. Nĭhil, *indecl.*, n. : sum : dulc-is, *-e* : mel, *mellis*.
16. Auctumn-us, *-i* : hĭrund-o, *-ĭnis* : migro, 1 : e : Brĭtanni-a, *-ae*.
17. Ămīc-us, *-i* : et : ĕgo : fŭgio, *fūgi*, 3 : Byzanti-um, *-i* : Thēb-ae, *-ārum, plu.*
18. Ăc-us, *-ūs*, f. : qui : Caesar : do, *dĕdi*, 1 : Calpurni-a, *-ae* : sum : ăcūt-us, *-a, -um*.
19. Mos, *mōris* : corrumpo, 3 : ămor : dīvĭti-ae, *-ārum, plu.*
20. Latr-o, *-ōnis* : jăceo, 2 : hŭm-us, *-i* : sĭlenti-um, *-i*.

[1] *Dies* is sometimes feminine in the singular.

EXERCISE IX.

Duration of Time, and Measure of Space.

A.

1. This woman has-lived many years at-Puteoli.
2. Caesar waged war for-ten years in Gaul.
3. Ariovistus has-pitched his-camp three miles[1] from the city.
4. The Germans will-remain at-Geneva the whole winter.
5. The walls of-our garden are fifteen feet high.
6. The boy was-swimming for-two hours in the water.
7. Caesar built a rampart eight feet high and a thousand feet long.
8. Cambridge is-distant from London about fifty miles.
9. The Gauls fled for-three days across the mountains.
10. The general advanced twenty miles in-one day.

[1] N.B.—Mille passūs, *one mile*, but duo millia passuum, *two miles*.

EXERCISE IX.

Duration of Time, and Measure of Space.

A.

1. Hic : mŭli-er, -ĕris, f. : hăbĭto, 1 : mult-us, -a, -um : an-nus, -i, m. : Pŭteŏl-i, -ōrum, plu.
2. Caesar : gĕro, gessi, 3 : bell-um, -i : dĕcem : ann-us, -i, m. : in : Galli-a, -ae.
3. Ariovistus : pōno, pŏsui, 3 : castr-a, -ōrum, plu. : tres : mille passūs : ab : urbs, urbis.
4. Germāni, plu : măneo, 2 : Gĕnēv-a, -ae : tōt-us, -a, -um : hi-ems, -ĕmis, f.
5. Mūr-us, -i, m. : noster : hort-us, -i, m. : sum : quindĕcim : pes, m. : alt-us, -a, -um.
6. Puer : năto, 1 : duo : hōr-a, -ae, f. : in : ăqu-a, -ae.
7. Caesar : con-struo, -struxi, 3 : vall-um, -i, n. : octo : pes, m. : alt-us, -a, -um : et : mille : pes, m. : long-us, -a, -um.
8. Cantabrigia : disto, 1 : a : Londīni-um, -i : circĭter : quinquāgĭnta : mille passūs.
9. Galli, plu. : fŭgio, fūgi, 3 : tres : dies, m. : trans : mons, montis.
10. Dux, dŭcis, m. : prō-grĕdior, -gressus sum, dep., 3 : vīgĭnti : mille passūs : ūnus : dies, m.

EXERCISE IX.—*continued.*

B.

11. In-winter the nights are longer than the days.

12. In-summer the snow melts on the summits of-these mountains.

13. The fish, which we-have-caught to-day, was-swimming yesterday in the lake.

14. Draw your-swords, O-soldiers.

15. Let-the-gates of-the-city be-shut by the king himself.

16. The old-man killed himself with-a-sword.

17. A great fire has-broken-out at-Lutetia.

18. Let-virtue and kindness be-cultivated.

19. Many-things are-considered more-precious than gold.

20. Cyrus, who has-raised a very-large army, will-set-out at-daybreak from-Sardis.

EXERCISE IX.—*continued.*

B.

11. Hi-ems, *-ĕmis* : nox, *noctis*, f. : sum : long-us, *-a*, *-um* : dies.
12. Aest-as, *-ātis* : nix, *nĭvis* : līquesco, 3 : in : culm-en, *-ĭnis* : hic : mons, *montis*, m.
13. Pisc-is, *-is*, m. : qui : căpio, *cēpi*, 3 : hŏdiē : năto, 1 : hĕri : in : lăc-us, *-ūs*.
14. Destringo, 3 : ens-is, *-is* : mīl-es, *-ĭtis*.
15. Port-a, *-ae* : urbs, *urbis* : claudo, 3 : a : rex, *rēgis*, m. : ips-e, *-a, -um*.
16. Sĕnex : inter-fĭcio, *-fēci*, 3 : se : glădi-us, *-i*.
17. Magn-us, *-a, -um* : ign-is, *-is*, m. : ex-ŏrior, *-ortus sum, dep.*, 4 : Luteti-a, *-ae*.
18. Virt-ūs, *-ūtis* : et : bĕnignĭt-as, *-ātis* : cŏlo, 3.
19. Mult-us, *-a, -um* : hăbeor, 2 : prĕtiōs-us, *-a, -um* : aur-um, *-i*.
20. Cȳrus, m. : qui : compăro, 1 : magn-us, *-a, -um* : exercĭt-us, *-ūs*, m. : prŏfĭciscor, *dep.*, 3 : prīma lux, *prīmae lūcis* : Sard-es, *-ium, plu.*

EXERCISE X.

Words Governing the Ablative.

A.

1. The Romans have-got-possession-of the whole-of Gaul.
2. The Britons used-to-live-on milk, cheese, [and] flesh.
3. We-will-use the books, which our-father gave us.
4. We-enjoy the recollection of-your friendship.
5. The queen, having-got-possession-of the silver, either by-force or by-fraud, will-return home.
6. These boys are worthy of-the-highest praise.
7. The soldiers, relying-on their-valour, made a sudden attack on the forces of-the-enemy.
8. There-will-be need of-gold and iron.
9. The Roman soldiers were endued with-the-greatest bravery.
10. My-brother and I are content with-these presents.

EXERCISE X.

Words Governing the Ablative.

A.

1. Rōmāni, *plu.*, m.: pŏtior, *pŏtītus sum, dep.*, 4: tōt-us -*a*, -*um*: Galli-a, -ae, f.

2. Brĭtanni, *plu.*: vescor, *dep.*, 3: lac, *lactis*: cāse-us, -*i*: căro, *carnis*.

3. Utor, *dep.* 3: lĭ-ber, -*bri*, m.: qui: păter: do, *dĕdi*, 1: ĕgo.

4. Fruor, *dep.*, 3: mĕmŏri-a, -*ae*: tuus: ămīcĭti-a, -*ae*, f.

5. Rēgīn-a, -ae, f.: pŏtior, *pŏtītus sum, dep.*, 4: argent-um, -*i*: aut: vis, *defect.*: aut: fraus, *fraudis*: rĕdeo, *anom.*, 4: dŏm-us, -*ūs*.

6. Hic: puer, m.: sum: dign-us, -*a*, -*um*: summ-us, -*a*, -*um*: laus, *laudis*, f.

7. Mīl-es, -*ĭtis*, m.: frēt-us, -*a*, -*um*: virt-ūs, -*ūtis*: făcio, *fēci*, 3: sŭbĭt-us, -*a*, -*um*: impĕt-us, -*ūs*, m.: in: cōpi-ae, -*ārum*, *plu.*: host-is, -*is*.

8. Sum: ŏpus, *indecl.* n.: aur-um, -*i*: et: ferr-um, -*i*.

9. Rōmān-us, -*a*, -*um*: mīl-es, -*ĭtis*, m.: sum: praedĭt-us, -*a*, -*um*: magn-us, -*a*, -*um*: fortĭtūd-o, -*ĭnis*, f.

10. Frā-ter, -*tris*: et: ĕgo: sum: content-us, -*a*, -*um*: hic: dōn-um, -*i*, n.

EXERCISE X.—*continued.*

B.

11. I-have-never seen a city more-beautiful than Edinburgh.

12. The barbarians used very-long spears.

13. Romulus lived many years before Christ.

14. Caesar, relying-on the valour of-his-knights, whom the Gauls had-never conquered, suddenly fell upon the right wing of-the-enemy.

15. On-the-next day, he-led his-forces across the mountains from-Gergovia to-Narbo.

16. The swords, which the robbers used, were very-broad and sharp.

17. Let-us-advance about twenty miles to-day, O-comrades.

18. We-will-feed-on bread and cheese.

19. Many senators, having-set-out from-Rome, hastened to-Capua.

20. The army halted for-eight hours by the river, which flows into this lake.

EXERCISE X.—*continued.*

B.

11. Nunquam : vĭdeo, *vīdi*, 2 : urbs, *urbis*, f. : pul-cher, *-chra*, *-chrum* : Edīn-a, *-ae*.
12. Barbări, *plu.* m. : ūtor, *ūsus sum, dep.*, 3 : long-us, *-a*, *-um* : hast-a, *-ae*, f.
13. Rōmŭlus : vīvo, *vixi*, 3 : mult-us, *-a*, *-um* : ann-us, *-i*, m. : ante : Christ-us, *-i*.
14. Caesar : frēt-us, *-a*, *-um* : virt-ūs, *-ūtis* : ĕqu-es, *-ĭtis*, m. : qui : Galli, *plu.* : nunquam : vinco, *vīci*, 3 : sŭbĭto : in-cĭdo, *-cĭdi*, 3 : in : dex-ter, *-tra*, *-trum* : corn-u, *-ūs*, n. : host-is, *-is*.
15. Proxĭm-us, *-a*, *-um* : dies, m. : dūco, *duxi*, 3 : cōpi-ae, *-ārum*, *plu.* : trans : mons, *montis* : Gergŏvi-a, *-ae* : Narb-o, *-ōnis*.
16. Ens-is, *-is*, m. : qui : latr-o, *-ōnis*, m. : ūtor, *ūsus sum, dep.*, 3 : sum : lāt-us, *-a*, *-um* : et : ăcūt-us, *-a*, *-um*.
17. Prŏgrĕdior, *dep.*, 3 : circĭter : vīginti : mille passūs : hŏdiē : cŏm-es, *-ĭtis*.
18. Vescor, *dep.*, 3 : pān-is, *-is* : et : cāse-us, *-i*.
19. Mult-us, *-a*, *-um* : sĕnāt-or, *-ōris*, m. : prŏ-fĭciscor, *-fectus sum, dep.*, 3 : Rōm-a, *-ae* : festīno, 1 : Căpu-a, *-ae*.
20. Exercĭt-us, *-ūs* : con-sisto, *-stĭti*, 3 : octo : hōr-a, *-ae*, f. : ad : flūm-en, *-ĭnis*, n. : qui : fluo, 3 : in : hic : lăc-us, *-ūs*, m.

EXERCISE XI.

The Ablative Absolute—The Perfect Participle Passive.

A.

1. Carthage having-been-destroyed, Scipio will-lead-back the army into Italy.
2. Ambassadors **having-been-sent,** the Remi asked-for peace.
3. Tarquinius having-been-driven-out, Brutus and Collatinus were-made consuls.
4. The **ship** having-been-shattered by-the-winds and waves, the pilot determined to-sail to-Cyprus.
5. A bridge having-been-made, Caesar led all his-forces over the river Rhine into Germany.
6. The letter having-been-written with-her-own hand, the queen departed.
7. The enemy having-been-routed, we-shall-enjoy repose.
8. These matters having-been-settled, the general set-out for-Veii.
9. A great **wall** having-been-built around the city, the citizens rejoice.
10. The king having-been-killed, the enemy fled.

EXERCISE XI.

The Ablative Absolute—The Perfect Participle Passive.

A.

1. Carthāg-o, *-ĭnis*, f.: dēl-eo, *-ēvi, -ētum*, 2: Scipio: rĕdūco, 3: exercĭt-us, *-ūs*: in: Ităli-a, *-ae*.
2. Lēgāt-us, *-i*, m.: mitto, *mīsi, missum*, 3: Remi, *plu.*: pĕto, *pĕtii*, 3: pax, *pācis*.
3. Tarquinius, m.: ex-ĭgo, *-ēgi, -actum*, 3: Brutus: et: Collatīnus: creo, 1: cons-ul, *-ŭlis*.
4. Nāv-is, *-is*, f.: frango, *frēgi, fractum*, 3: vent-us, *-i*: et: und-a, *-ae*: gŭbernāt-or, *-ōris*: stătu-o, *-i*, 3: nāvĭgo, 1: Cypr-us, *-i*.
5. Pons, *pontis*, m.: făcio, *fēci, factum*, 3: Caesar: dūco, *duxi*, 3: omn-is, *-e*: cōpi-ae, *-ārum, plu.*, f.: trans: flūm-en, *-ĭnis*: Rhēn-us, *-i*: in: Germāni-a, *-ae*.
6. Litter-ae, *-ārum, plu.*, f.: scrībo, *scripsi, scriptum*, 3: suus: măn-us, *-ūs*, f.: rēgīn-a, *-ae*: dis-cēdo, *-cessi*, 3.
7. Host-is, *-is*, m.: fŭgo, 1: fruor, *dep.*, 3: ōti-um, *-i*.
8. Hic: res, *rĕi*, f.: constĭt-uo, *-ui, -ūtum*, 3: dux, *dŭcis*: prŏ-fīciscor, *-fectus sum, dep.*, 3: Vēi-i, *-ōrum, plu.*
9. Magn-us, *-a, -um*: mūr-us, *-i*, m.: aedĭfĭco, 1: circum: urbs, *urbis*: cīv-is, *-is*, c.: gaudeo, *gāvīsus sum, semi-dep.*, 2.
10. Rex, *rēgis*, m.: oc-cīdo, *-cīdi, -cīsum*, 3: host-is, *-is*: fŭgio, *fūgi*, 3.

EXERCISE XI.—*continued*.

B.

11. **Miltiades** determined to-join **battle** with the Persians at-once.
12. Caesar will-break-up **his-camp at-dawn.**
13. The king, having-been-condemned **by** the judges, was-cast into chains.
14. **The** king having-been-condemned, **the queen** shed many tears.
15. **A levy** having-been-held, Vercingetorix collected a band **of-needy** and dissolute men.
16. In-the-third **watch, the** prisoner escaped **from** the camp.
17. The cold is very-great in-winter on the summits of-the-**Alps.**
18. **Many philosophers** have-lived **both at-Athens and** at-Rhodes.
19. **The** soldiers of-the-twelfth legion will-march from-London to-Edinburgh.
20. This house **is-said** to-be seventy feet high.

EXERCISE XI.—*continued.*

B.

11. Miltiădes: stătu-o, -*i*, 3: committo, 3: proeli-um, -*i*: cum: Pers-ae, -*ārum, plu.*: stătim.

12. Caesar: mŏveo, 2: castr-a, -*ōrum, plu.*: prīma lux, *prīmae lūcis.*

13. Rex, *rēgis*, m.: condemno, 1: a: jūdex: conjĭcio, -*jēci,* -*jectum,* 3: in: vincŭl-um, -*i.*

14. Rex, *rēgis*, m.: condemno, 1: rēgīn-a, -*ae*: fundo, *fūdi,* 3: mult-us, -*a,* -*um*: lacrĭm-a, -*ae,* f.

15. Dēlect-us, -*ūs,* m.: hăbeo, 2: Vercingetŏrix: cōgo, *coēgi,* 3: măn-us, -*ūs*: ĕg-ens, -*entis, adj.*: et: perdĭt-us, -*a,* -*um*: hŏm-o, -*ĭnis,* m.

16. Terti-us, -*a,* -*um*: vĭgĭli-a, -*ae,* f.: captīv-us, -*i*: ef-fŭgio, -*fūgi,* 3: e: castr-a, -*ōrum, plu.*

17. Frīg-us, -*ŏris,* n.: sum: magn-us, -*a,* -*um*: hi-ems, -*ĕmis*: in: culm-en, -*ĭnis*: Alp-es, -*ium, plu.*

18. Mult-us, -*a,* -*um*: phĭlŏsŏph-us, -*i,* m.: hăbĭto, 1: et: Ăthēn-ae, -*ārum, plu.*: et: Rhŏd-us, -*i.*

19. Mīl-es, -*ĭtis*: duŏdĕcĭm-us, -*a,* -*um*: lĕgi-o, -*ōnis,* f.: ĭter făcio, 3: Londīni-um, -*i*: Edīn-a, -*ae.*

20. Hic: dŏm-us, -*ūs,* f.: dīcor, 3: sum: septuāginta: pes, m.: alt-us, -*a,* -*um.*

EXERCISE XII.

The Ablative Absolute—Other Participles.

A.

1. Winter being-about-to-return, the bears will-betake themselves to caves and hollow trees.
2. The old-woman died, her-friends standing-round her-bed.
3. Caesar having-exhorted the tenth legion, a great shout arose.
4. You [1] being-our-leader, we-shall-overcome all our-enemies easily.
5. In the reign of Romulus [*say*, Romulus reigning], Rome was a small city.
6. The queen having-followed the slaves, guards were-placed around the palace.
7. In the consulship of Pompey and Crassus [*say*, Pompey and Crassus [1]being-consuls] we-fled from-Rome.
8. The soldiers being-about-to-set-out, their-wives surrounded the camp.
9. Under the leadership of Hannibal [*say*, Hannibal [1] being-leader] the Carthaginians gained many victories.
10. The water failing, the citizens will-perish from-thirst.

[1] *N.B.*—As there is no present participle of the verb *sum*, the word *being* must be understood.

EXERCISE XII.

The Ablative Absolute—Other Participles.

A.

1. Hi-ems, *-ĕmis*, f. : rĕd-eo, *-ii, -ĭtum, anom.*, 4 : urs-us, *-i* : rĕcĭpio, 3 : se : in : antr-um, *-i* : et : căv-us, *-a, -um* : arb-or, *-ŏris*, f.
2. Ăn-us, *-ūs*, f. : mŏrior, *mortuus sum, dep.*, 3 : ămīc-us, *-i*, m. : circumsto, 1 : lect-us, *-i.*
3. Caesar : hortor, *dep.*, 1 : dĕcĭm-us, *-a, -um* : lĕgi-o, *-ōnis*, f. : magn-us, *-a, -um* : clām-or, *-ōris*, m. : ex-ŏrior, *-ortus sum, dep.*, 4,
4. Tu : dux, *dŭcis* : sŭpĕro, 1 : omn-is, *-e* : host-is, *-is*, m. : făcĭle.
5. Rōmŭlus : regno, 1 : Rōma, f. : sum : exĭgu-us, *-a, -um* : urbs, *urbis*, f.
6. Rēgīn-a, *-ae*, f : sĕquor, *sĕcūtus sum, dep.*, 3 : serv-us, *-i* : cust-os, *-ōdis*, c. : collŏco, 1 : circum : rēgi-a, *-ae.*
7. Pompēius : et : Crassus : cons-ul, *-ŭlis* : fŭgio, *fūgi*, 3 : Rōma.
8. Mīl-es, *-ĭtis*, m. : prŏ-fĭciscor, *-fectus sum, dep.*, 3 : ux-or, *-ōris* : cingo, *cinxi*, 3 : castr-a, *-ōrum, plu.*
9. Hannĭb-al, *-ălis* : dux, *dŭcis* : Poen-i, *-ōrum, plu.* : rĕporto, 1 : mult-us, *-a, -um* : victōri-a, *-ae*, f.
10. Ăqu-a, *-ae*, f. : dēfĭcio, 3 : cīv-is, *-is* : pĕreo, *anom.*, 4 : sĭt-is, *-is.*

EXERCISE XII.—*continued.*

B.

11. The line-of-battle having-been-drawn-up, the general waited-for the arrival of-the-allies.
12. The hunters were-surrounding the fertile valleys with-nets and snares in-the-evening.
13. The spurs of-the-knights are brighter than the swords of-the-enemy.
14. The speech, which the famous old-man made, was very-long.
15. The exiles, having-been-driven from-Tarentum, came to-Mantua.
16. On the return of spring [*say*, spring returning] the lambs frisk in the meadows.
17. We-have-seen the expensive furniture, which the king and queen have-bought.
18. Let-the-judge punish the thieves, whom the soldiers have-arrested.
19. This boy has-killed many ducks with-stones.
20. The grandson of-Balbus the philosopher is-considered very-wise.

EXERCISE XII.—*continued.*

B.

11. Ăci-es, *-ēi*, f.: in-struo, *-struxi, -structum*, 3: dux, *dŭcis*: expecto, 1: advent-us, *-ūs*: sŏci-us, *-i*.
12. Vēnāt-or, *-ōris*: cingo, 3: fēcund-us, *-a, -um*: vall-is, *-is*, f.: rēt-e, *-is*: et: lăque-us, *-i*: vesp-er, *-ĕri* and *-ĕris*.
13. Calcar, *n.*: ĕqu-es, *-ĭtis*: sum: clār-us, *-a, -um*: glădi-us, *-i*: host-is, *-is*.
14. Orāti-o, *-ōnis*, f.: qui: illustr-is, *-e*: sĕnex, m.: hăbeo, 2: sum: long-us, *-a, -um*.
15. Ex-ul, *-ŭlis*, c.: ex-pello, *-pŭli, -pulsum*, 3: Tărent-um, *-i*: vĕnio, *vēni*, 4: Mantu-a, *-ae*.
16. Ver, *vĕris*, n.: rĕdeo, *anom.*, 4: agn-us, *-i*: luxŭrio, 1: in: prāt-um, *-i*.
17. Vĭdeo, *vīdi*, 2: sumptuōs-us, *-a, -um*: sŭpel-lex, *-lectĭlis*, f.: qui: rex, *rēgis*: et: rēgīn-a, *-ae*: ĕmo, *ēmi*, 3.
18. Jūdex: pūnio, 4: fur, *fūris*, c.: qui: mīl-es, *-ĭtis*: comprĕhendo, *comprĕhendi*, 3.
19. Hic: puer, m.: inter-fĭcio, *-fēci*, 3: mult-us, *-a, -um*: ăn-as, *-ătis*, c.: lăp-is, *-ĭdis*.
20. Nĕp-os, *-ōtis*, m.: Balb-us, *-i*: phĭlŏsŏph-us, *-i*: hăbeor, 2: săpi-ens, *-entis, adj*.

EXERCISE XIII.

The Ablative Absolute—The English Perfect Participle Active.

A.

1. Having-thrown their-javelins, the soldiers made an attack on the line of-the-enemy with-their-swords.
2. Having-read the letter, the mother rejoiced.
3. Having-drawn his-sword, he-rushed-at the pirate.
4. Having-conquered Hannibal, the Romans destroyed Carthage.
5. Having-finished his-journey, the merchant will-enjoy rest at-home.
6. Having-gained the victory, the general returned with his-army into winter-quarters.
7. Having-collected a large band, Vercingetorix started from-Gergovia on-the-third day.
8. Having-assembled his-clients, he-departed from the city in-the-morning.
9. Having-given the signal, the general led his-forces across the river.
10. Having-received a wound, the lieutenant retired from the battle.

EXERCISE XIII.

The Ablative Absolute—The English Perfect Participle Active.

A.

1. Con-jĭcio, -jēci, -jectum, 3 : pīl-um, -i, n. : mīl-es, -ĭtis : făcio, fēci, 3 : impĕt-us, -ūs : in : ăci-es, -ēi : host-is, -is : glădi-us, -i.
2. Lĕgo, lēgi, lectum, 3 : ĕpistŏl-a, -ae, f. : mā-ter, -tris, f. : gaudeo, gāvīsus sum, semi-dep., 2.
3. Stringo, strinxi, strictum, 3 : glădi-us, -i, m. : pĕto, pĕtii, 3 : praed-o, -ōnis.
4. Vinco, vīci, victum, 3 : Hannĭbal, -ălis, m. : Rōmān-i, -ōrum, plu. : dēl-eo, -ēvi, 2 : Carthāg-o, -ĭnis.
5. Con-fĭcio, -fēci, -fectum, 3 : ĭter, ĭtĭnĕris, n. : mercāt-or, -ōris : fruor, dep., 3 : qui-es, -ētis : dŏm-us, -ūs.
6. Rĕporto, 1 : victōri-a, -ae, f. : dux, dŭcis : rĕd-eo, -ii, anom., 4 : cum : exercĭt-us, -ūs : in : hībern-a, -ōrum, plu.
7. Cōgo, coēgi, coactum, 3 : magn-us, -a, -um : măn-us, -ūs, f. : Vercingetŏrix : prŏ-fĭciscor, -fectus sum, dep., 3 : Gergŏvi-a, -ae : terti-us, -a, -um : dies, m.
8. Convŏco, 1 : cli-ens, -entis, c. : dis-cēdo, -cessi, 3 : ex : urbs, urbis : māne, indecl.
9. Do, dĕdi, dătum, 1 : sign-um, -i, n. : dux, dŭcis : dūco, duxi, 3 : cōpi-ae, -ārum, plu. : trans : flūm-en, -ĭnis.
10. Ac-cĭpio, -cēpi, -ceptum, 3 : vuln-us, -ĕris, n. : lēgāt-us, -i : rĕ-cēdo, -cessi, 3 : e : proeli-um, -i.

EXERCISE XIII.—*continued.*

B.

11. Having-heard a shout, the robbers fled into the dark wood.

12. Balbus and Caius, whose daughters we-love, have-set-out from-Rome for Britain.

13. They-have-informed Caesar of the death of-Clodius.

14. The swords, which the Romans used, were longer than the spears of-the-barbarians.

15. Having-suffered many sorrows, we-shall-enjoy at-length everlasting rest.

16. Augustus was-born in the consulship of Antonius and Cicero [*say*, Antonius and Cicero being-consuls].

17. The soldiers fought in the absence of Caesar [*say*, Caesar being-absent.]

18. Xerxes invaded Attica with an immense army.

19. Let-us-remain the whole summer either at-Baiae or at-Tarentum.

20. Prepare supper for-me and my-friends, O-faithful slaves.

EXERCISE XIII.—*continued.*

B.

11. Audio, 4 : clām-or, -*ōris*, m. : latr-o, -*ōnis* : fŭgio, fūgi, 3 : in : ŏpāc-us, -*a*, -*um* : silv-a, -*ae*, f.
12. Balbus, m. : et : Caius, m. : qui : fīli-a, -*ae* : ămo, 1 : prŏ-fĭciscor, -*fectus sum, dep.*, 3 : Rōm-a, -*ae* : in : Brĭtanni-a, -*ae.*
13. Caesărem certiorem făcio, *fēci*, 3 : de : mors, *mortis* : Clōdi-us, -*i.*
14. Glădi-us, -*i*, m. : qui : Rōmāni, *plu.*, m. : ūtor, *dep.*, 3 : sum : long-us, -*a*, -*um* : hast-a, -*ae* : barbăr-i, -*ōrum, plu.*
15. Pătior, *passus sum, dep.*, 3 : multus, -*a*, -*um* : dŏl-or, -*ōris*, m. : fruor, *dep.*, 3 : tandem : aetern-us, -*a*, -*um* : qui-es, -*ētis*, f.
16. Augustus, m. : nascor, *nātus sum, dep.*, 3 : Antōni-us, -*i* : et : Cĭcĕr-o, -*ōnis* : cons-ul, -*ŭlis.*
17. Mīles, -*ĭtis* : pugno, 1 : Caes-ar, -*ăris* : abs-ens, -*entis.*
18. Xerxes : in-vādo, -*vāsi*, 3 : Attĭc-a, -*ae* : cum : ingens : exercĭt-us, -*ūs*, m.
19. Măneo, 2 : tōt-us, -*a*, -*um* : aest-as, -*ātis*, f. : aut : Bai-ae, -*ārum, plu.* : aut : Tărent-um, -*i.*
20. Păro, 1 : caen-a, -*ae* : ĕgo : et : ămīc-us, -*i* : fĭdēl-is, -*e* : serv-us, -*i*, m.

EXERCISE XIV.

The Accusative and Infinitive.

A.

1. Wise-men say that-the-earth is round.
2. Poets relate that-Homer was blind.
3. The barber announced to-the-citizens that-the-gates were-being-shut.
4. The girl says that-the-butcher has-killed the pig.
5. The ambassadors announced that-the-city had-been-taken-by-storm.
6. We-hope that-Caesar will-conquer the Gauls.
7. The knights heard that-the-pirates were-laying-waste the fields.
8. The messengers told us that-the-prisoners would-be-led through the city at-dawn.
9. Nobody believes that-the-old-man is-dying.
10. All boys know that-Caesar is-dead.

EXERCISE XIV.

The Accusative and Infinitive.

A.

1. Săpi-ens, -*entis* : dīco, 3 : terr-a, -*ae*, f. : sum : rŏtund-us, -*a*, -*um*.
2. Poēt-a, -*ae* : narro, 1 : Hŏmēr-us, -*i*, m. : sum : caec-us, -*a*, -*um*.
3. Tons-or, -*ōris* : nuntio, 1 : cīvis, -*is* : port-a, -*ae* : claudo, 3.
4. Puell-a, -*ae* : dīco, 3 : lăni-us, -*i* : inter-fĭcio, -*fēci*, 3 : sus, *suis*.
5. Lēgāt-us, -*i* : nuntio, 1 : urbs, *urbis*, f. : expugno, 1.
6. Spēro, 1 : Caes-ar, -*ăris* : vinco, *vīci*, *victum*, 3 : Gall-i, -*ōrum*, *plu*.
7. Ĕqu-es, -*ĭtis* : audio, 4 : praed-o, -*ōnis* : vasto, 1 : ăger, *agri*.
8. Nunti-us, -*i* : dīco, *dixi*, 3 : ĕgo : captīv-us, -*i* : dūco, *duxi*, *ductum*, 3 : per : urbs, *urbis* : prīma lux, *prīmae lūcis*.
9. Nēmo : crēdo, 3 : sĕn-ex, -*is* : mŏrior, *dep.*, 3.
10. Omn-is, -*e* : puer, m. : scio, 4 : Caes-ar, -*ăris*, m. : mŏrior, *mortuus sum*, *dep.*, 3.

EXERCISE XIV.—*continued.*

B.

11. Having-covered the body of-his-master with-a-cloak, the slave waited-for the murderers at the gates of-the-town.

12. Having-made a bridge over the river Rhine, Caesar was-able to-lead-over all his-forces into Germany.

13. The beggar slept the whole night on-the-ground.

14. Having-obtained a favourable position, Caesar determined to-pitch his-camp there.

15. Bats are-accustomed to-fly-about in-the-evening.

16. The city, which you-have-seen to-day, was-called Rome by Romulus.

17. Edinburgh is-distant from London about four-hundred miles.

18. The king got-possession-of the treasury either by-force or by-fraud.

19. We-believe that-God is good.

20. They-said that-the-cow was black.

EXERCISE XIV.—*continued.*

B.

11. Tĕgo, *texi, tectum,* 3 : corp-us, *-ŏris,* n. : dŏmĭnus : palli-um : serv-us, *-i* : expecto, 1 : sīcāri-us, *-i* : ad : port-a, *-ae* : oppĭd-um, *-i.*

12. Făcio, *fēci, factum,* 3 : pons, *pontis,* m. : in : flūm-en, *-ĭnis* : Rhēn-us, *-i* : Caesar : possum, *pŏtui, anom.* : trādūco, 3 : omn-is, *-e* : cōpi-*ae, -ārum, plu.,* f. : in : Germāni-a, *-ae.*

13. Mendīcus, *-i* : dormio, 4 : tōt-us, *-a, -um* : nox, *noctis,* f. : hŭm-us, *-i.*

14. Nanciscor, *nactus sum, dep.,* 3 : Ĭdōne-us, *-a, -um* : lŏc-us, *-i,* m. : Caesar : stăt-uo, *-ui,* 3 : pōno, 3 : castr-a, *-ōrum, plu.* : ĭbi.

15. Vespertīli-o, *-ōnis* : sŏleo, 2 : vŏlĭto, 1 : vesp-er, *-ĕri* and *-ĕris.*

16. Urbs, *urbis,* f. : qui : vĭdeo, *vīdi,* 2 : hŏdiĕ : vŏcor, 1 : Rōma : a : Rōmŭlus.

17. Edīna : absum : a : Londīnium : circĭter · quadringent-i, *-ae, -a* : mille passūs.

18. Rex, *rēgis,* m. : pŏtior, *pŏtītus sum, dep.,* 4 : aerāri-um, *-i* : aut : vis, *defect.* : aut : fraus, *fraudis.*

19. Crēdo, 3 : Deus, m. : sum : bŏnus.

20. Dīco, *dixi,* 3 : vacc-a, *-ae,* f. : sum : nĭger.

EXERCISE XV.

The Accusative and Infinitive—Se, Eum, etc.

A.

1. The sailor asserts that-he has-shut the gate with-his-own hand.
2. The queen told the king that-she had-written the letter.
3. He-announces that-he is-about-to-depart.
4. The girl says that-she was very-happy.
5. The king declared that-iron was more-useful to-him than gold.
6. The shepherd believes that-his sheep love to-hear his-voice.
7. Caesar told Labienus that-he [*viz.* Caesar] had-intrusted two legions to-him [*viz.* Labienus].
8. Labienus replied that-he [*viz.* Caesar] was very-kind to him [*viz.* Labienus].
9. Julia and Cornelia assert that-their-own daughters are more-beautiful than Pompey's sisters.
10. Pompey denied that-their daughters were more-beautiful than his-own sisters.

EXERCISE XV.

The Accusative and Infinitive—Se, Eum, etc.

A.

1. Naut-a, -*ae* : affirmo, 1 : se : claudo, *clausi*, 3 : port-a, -*ae* : suus : măn-us, -*ūs*, f.

2. Rēgīn-a, -*ae* : dīco, *dixi*, 3 : rex, *rēgis* : se : scrībo, *scripsi*, 3 : ĕpistŏl-a, -*ae*.

3. Nuntio, 1 : se : ăb-eo, -*ii*, -*ĭtum*, *anom.*, 4.

4. Puell-a, -*ae* : dīco, 3 : se : sum : fēlix.

5. Rex, *rēgis* : dēclāro, 1 : ferr-um, -*i*, n. : sum : ūtĭl-is, -*e* : se : aur-um, -*i*.

6. Past-or, -*ōris* : crēdo, 3 : suus : ŏvis, f. : ămo, 1 : audio, 4 : vox, *vōcis*.

7. Caesar : dīco, *dixi*, 3 : Labiēnus : se : com-mitto, -*mīsi*, 3 : duo : lĕgi-o, -*ōnis*, f. : is.

8. Labiēnus : rē-spondeo, -*spondi*, 2 : is : sum : bĕnign-us, -*a*, -*um* : erga : se.

9. Jūlia : et : Cornēlia : affirmo, 1 : suus : fīli-a, -*ae*, f. : sum : pul-cher, -*chra*, -*chrum* : sŏr-or, -*ōris* : Pompēius.

10. Pompēius : nĕgo, 1 : is : fīli-a, -*ae*, f. : sum : pul-cher, -*chra*, -*chrum* : suus : sŏr-or, -*ōris*, f.

EXERCISE XV.—*continued.*

B.

11. Cleopatra, queen of-Egypt, was-considered very-beautiful.
12. The Helvetii will-endeavour to-pass through the Roman province.
13. The boy declared in-the-presence-of his-father and his-mother, that-his-sister ate the nuts.
14. We-will-remain for-many months at-Athens or at-Corinth.
15. On the return of spring [*say*, spring returning] let-us-go to-Rome or to-Carthage.
16. Having-summoned his-slave, he-said that-he would-start at-the-sixth hour.
17. Cicero thinks that-virtue is more-precious than gold.
18. Having-set-out from-Rome in-the-morning, he-advanced to a river, which is-distant ten miles from the city.
19. Philosophers assert that-many stars are larger than the earth and sun.
20. The master told his-slave that-he would-kill him.

EXERCISE XV.—*continued.*

B.

11. Cleŏpatra: rēgīn-a, -*ae*: Aegypt-us, -*i*: hăbeor, 2 pul-cher, -*chra*, -*chrum*.
12. Helvētii, *plu.*: cōnor, *dep.*, 1: transeo, *anom.*, 4: per: Rōmān-us, -*a*, -*um*: Prōvinci-a, -*ae*, f.
13. Puer: dēclāro, 1: cōram: păter: et: mā-ter, -*tris*: sŏr-or, -*ōris*: ĕdo, ēdi, 3: nux, *nŭcis*.
14. Măneo, 2: mult-us, -*a*, -*um*: mens-is, -*is*, m.: Ăthēn-ae, -*ārum, plu.*: aut: Cŏrinth-us, -*i*.
15. Ver, *vĕris, n.*: rĕdeo, *anom.*, 4: eo, *anom.*, 4: Rōm-a, -*ae* aut: Carthāg-o, -*ĭnis*.
16. Arcess-o, -*īvi*, -*ītum*, 3: serv-us, -*i*, m.: dīco, *dixi*, 3: se: prŏ-fīciscor, -*fectus sum, dep.*, 3: sext-us, -*a*, -*um*: hōr-a, -*ae*, f.
17. Cĭcĕro: pŭto, 1: virt-ūs, -*ūtis*, f.: sum: prĕtiōs-us, -*a*, -*um*: aur-um, -*i*.
18. Prŏ-fīciscor, -*fectus sum, dep.*, 3: Rōm-a, -*ae*: māne, *indecl.* prō-grĕdior, -*gressus sum, dep.*, 3: ad: flūm-en, -*ĭnis*, n.: qui: disto, 1: dĕcem: mille passūs: ab: urbs, *urbis*.
19. Phĭlŏsŏph-us, -*i*: affirmo, 1: mult-us, -*a*, -*um*: stell-a, -*ae*, f.: sum: magn-us, -*a*, -*um*: terr-a, -*ae*: et: sol, *sōlis*.
20. Dŏmĭnus: dīco, *dixi*, 3: serv-us, -*i*: se: inter-fĭcio, -*fēci*, -*fectum*, 3: is.

EXERCISE XVI.

1. The hens, **which** we-have-seen, are-accustomed to-cherish **their-young** with-their-wings.
2. The **maiden, who** has-been-accused **by Marcus, has** many brothers.
3. **Navius** is-said to-have-cut a whetstone, which **he-was-holding, with-a-razor.**
4. "Let-us-hasten into the Senate-house," cried Brutus and Cassius, "and **let-us-kill Caesar** with-daggers before the statue of-Pompey."
5. I-have-never **seen a more-beautiful maiden** than your **daughter.**
6. **We-all know that-Lucius lived for-many** years at-Thebes.
7. **Caesar having-set-out** at-midnight, reached Britain at-dawn.
8. Having-left three cohorts in the camp, he-advanced about twelve miles in-the-night.
9. "Leap-down **into the waves, O-comrades,**" cried the standard-bearer of-the-tenth legion with-a-loud voice.
10. **We-hope that-Silvia** will-be-loved.
11. The poets relate that-Romulus was the son of-Mars.
12. The **hawk** would-have-seized the **dove** with-his-talons.
13. The **hunters, who** have-pierced many ravens with-their-**arrows,** have-left their-bows on-the-ground.
14. The boy, to-whom the farmer was-pointing-out the way, was-born at-Mantua.
15. **We, who are-departing** from-Marseilles, send these **presents to you,** who **are-going** into-the-country.

EXERCISE XVI.

1. Gallīn-a, -ae, f. : qui : vĭdeo, vīdi, 2 : sŏleo, 2 : fŏveo, 2 : pull-us, -i : penn-a, -ae.
2. Virgo, f. : qui : accūso, 1 : a : Marcus : hăbeo, 2 : mult-us, -a, -um : frā-ter, -tris, m.
3. Navius : dīcor, 3 : sĕco, sĕcui, 1 : cos, cōtis, f. : qui : tĕneo, 2 : nŏvăcŭl-a, -ae.
4. Festīno, 1 : in : Cūri-a, -ae : exclāmo, 1 : Brutus : et : Cassius : et : interfĭcio, 3 : Caes-ar, -ăris : pŭgi-o, -ōnis : ante : stătu-a, -ae : Pompēius.
5. Nunquam : vĭdeo, vīdi, 2 : pul-cher, -chra, -chrum : virgo, f. : tuus : fīli-a, -ae, f.
6. Omn-is, -e : scio, 4 : Lucius : hăbĭto, 1 : mult-us, -a, -um : ănn-us, -i, m. : Thēb-ae, -ārum, plu.
7. Caesar : prŏ-fĭciscor, -fectus sum, dep., 3 : mĕdia nox, mĕdiae noctis : căpio, cēpi, 3 : Brĭtanni-a, -ae : prīma lux, prīmae lūcis.
8. Rĕ-linquo, -līqui, -lictum, 3 : tres : cŏhors, cŏhortis, f. : in : castr-a, -ōrum, plu. : prō-grĕdior, -gressus sum, dep., 3 : circĭter : duŏdĕcim : mille passūs : nox, noctis.
9. Dēsĭlio, 4 : in : und-a, -ae : commīlĭt-o, -ōnis : exclāmo, 1 : signĭf-er, -ĕri : dĕcĭm-us, -a, -um : lĕgi-o, -ōnis, f. : magn-us, -a, -um : vox, vōcis, f.
10. Spēro, 1 : Silvi-a, -ae : ămo, 1.
11. Poēt-a, -ae : narro, 1 : Rōmŭlus : sum : fīlius : Mars, Martis.
12. Accĭpĭ-ter, -tris : ar-rĭpio, -rĭpui, 3 : cŏlumb-a, -ae : ungu-is, -is.
13. Vēnāt-or, -ōris, m. : qui : trans-fīgo, -fixi, 3 : mult-us, -a, -um : corv-us, -i, m. : săgitt-a, -ae : rĕ-linquo, -līqui, 3 : arc-us, -ūs : hŭm-us, -i.
14. Puer, m. : qui : agrĭcŏl-a, -ae : monstro, 1 : vi-a, -ae : nascor, nātus sum, dep., 3. : Mantua.
15. Ĕgo : qui : discēdo, 3 : Massĭlia : mitto, 3 : hic : dōn-um, -i, n. : ad : tu : qui : eo, anom., 4 : rus, rūris.

16. The walls of-that city are twenty feet high.
17. When spring returns [*say,* spring returning] the birds sing in the gardens and woods.
18. The sailor said that-I had-promised him a reward.
19. The island, which these farmers inhabit, is-called Sicily.
20. Having-said this, Caesar led his-forces across the Rubicon.

EXERCISE XVII.

1. The Greeks, having-got-possession-of Troy by-treachery, led-away the inhabitants into slavery.
2. We-know that-no animal is more-sagacious than the elephant.
3. The philosophers, whose books we-have-read, have-lived for-two-years at-Athens and at-Rhodes.
4. The queen, relying-on the valour of-the-knights, followed the army.
5. The boy, having-consulted his-father, ran home.
6. He-says that-the-girl will-die in-a-few days.
7. They-said that-the-old-woman was-dead.
8. The doctors thought that-the-farmer would-live many days.
9. The earth is-said to-turn round its-axis with-the-greatest velocity.
10. Hasdrubal having-been-killed, Hannibal said that-there-was no hope of-safety.
11. There-are many meadows around this city.

16. Mūr-us, *-i*, m. : ille : urbs, *urbis*, f. : sum : vīginti : pes, m. : alt-us, *-a, -um*.
17. Ver, *vĕris*, n. : rĕdeo, *anom.*, 4 : ăv-is, *-is* : canto, 1 : in : hort-us, *-i* : et : silv-a, *-ae*.
18. Naut-a, *-ae* : dīco, *dixi*, 3 : ĕgo : prō-mitto, *-mīsi*, 3 : se : praemi-um, *-i*.
19. Insŭl-a, *-ae*, f. : qui : hic : **agrĭcŏl-a**, *-ae*, m. : incŏlo, 3 : vŏcor, 1 : Sĭcĭli-a, *-ae*.
20. Dīco, *dixi, dictum*, 3 : hic : Caesar : dūco, *duxi*, 3 : cōpi-ae, *-ārum* : trans : Rŭbĭc-o, *-ōnis*.

EXERCISE XVII.

1. **Graeci**, *plu.*, m. : pŏtior, *pŏtītus sum, dep.*, 4 : Trōja, *-ae* : dŏl-us, *-i* : ab-dūco, *-duxi*, 3 : incŏl-a, *-ae* : in : servĭt-ūs, *-ūtis*.
2. Scio, 4 : null-us, *-a, -um* : ănĭmal, n. : sum : săg-ax, *-ācis*, *adj.* : ĕlĕphant-us, *-i*.
3. Phĭlŏsŏph-us, *-i*, m. : qui : lĭ-ber, *-bri* : lĕgo, *lēgi*, 3 : hăbĭto, 1 : bienni-um, *-i* : **Ăthēn-ae**, *-ārum, plu.* : et : Rhŏd-us, *-i*.
4. Rēgīn-a, *-ae*, f. : frēt-us, *-a, -um* : virt-ūs, *-ūtis* : ĕqu-es, *-ĭtis* : sĕquor, *sĕcūtus sum, dep.*, 3 : exercĭt-us, *-ūs*.
5. Puer : con-sŭlo, *-sŭlui, -sultum*, 3 : păter : curro, *cŭcurri*, 3 : dŏm-us, *-ūs*.
6. Dīco, 3 : puell-a, *-ae*, f. : mŏrior, *dep.*, 3 : pauc-i, *-ae, -a* : dies, m.
7. Dīco, *dixi*, 3 : ăn-us, *-ūs*, f. : mŏrior, *mortuus sum, dep.*, 3.
8. Mĕdĭc-us, *-i* : pŭto, 1 : agrĭcŏl-a, *-ae*, m. : vīvo, *vixi, victum*, 3 : mult-us, *-a, -um* : dies, m.
9. Terr-a, *-ae* : dīcor, 3 : vertor, 3 : circum : ax-is, *-is* : summ-us, *-a, -um* : vēlōcĭt-as, *-ātis*, f.
10. Hasdrŭb-al, *-ălis*, m. : inter-fĭcio, *-fēci, -fectum*, 3 : Hannĭbal : dīco, *dixi*, 3 : sum : null-us, *-a, -um* : spes, *spĕi*, f. : săl-ūs, *-ūtis*.
11. Sum : mult-us, *-a, -um* : prāt-um, *-i*, n. : circum : hic : urbs, *urbis*, f.

12. Having-dismissed the **ambassadors**, Caesar determined to-wait-for **the auxiliary-forces** outside the city.
13. The girl said **that-she was very**-wretched.
14. The boy says **that-he** is happier than the girl.
15. In-autumn the leaves will-fall from the branches of-the-trees.
16. **The sailors, who** were-using their-swords zealously, would-have-overcome the pirates.
17. **Honour** your-king, O-citizens.
18. **Let**-the-line-of-battle be-drawn-up in the plain **by the** most-skilful **general**.
19. The maiden gave **the money to-the-beggar, who was**-walking in the **wood**.
20. The ships, in **which we-came, will-depart** in-the-morning for-Cyprus.

EXERCISE XVIII.

1. The signal having-been-given, the citizens rush to arms.
2. Tarquin having-been-expelled, we-shall-enjoy peace.
3. Tarquin, having-been-driven from-Rome, fled **to-Caere**.
4. The **tree** having-been-cut-down, **the** farmer returned to-Gabii in-four hours.
5. **The slave gave the letter,** which he-had-found, to-Julia, **the daughter** of-the-praetor.
6. **The** days are longer in-summer than in-winter.
7. The pirates, **by whom the ship** was-plundered, have-escaped.
8. **The** enemy, having-been-overcome **by-sea** and land, sent **ambassadors to** Caesar about peace.

12. Dī-mitto, *-mīsi*, *-missum*, 3 : lēgāt-us, *-i*, m. : Caesar : stăt-uo, *-ui*, 3 : expecto, 1 : auxĭli-a, *-ōrum*, **plu.** : extra : urbs, *urbis*.
13. Puell-a, *-ae* : dīco, *dixi*, 3 : se : sum : mĭs-er, *-ĕra*, *-ĕrum*.
14. Puer : dīco, 3 : se : sum : fēlix : puell-a, *-ae*.
15. Auctumn-us, *-i* : frons, *frondis* : căpo, 3 : de : rām-us, *-i* : arb-or, *-ŏris*.
16. Naut-a, *-ae*, m. : qui : ūtor, *dep.*, 3 : glădi-us, *-i* : gnāvĭter : sŭpĕro, 1 : praed-o, *-ōnis*.
17. Hŏnōro, 1 : rex, *rēgis* : cīv-is, *-is*.
18. Ăci-es, *-ēi* : instruo, 3 : in : plānĭti-es, *-ēi* : a : pĕrīt-us, *-a*, *-um* : dux, *dŭcis*, m.
19. Virgo : do, *dĕdi*, 1 : pĕcūni-a, *-ae* : mendīc-us, *-i*, m. : qui : ambŭlo, 1 : in : silv-a, *-ae*.
20. Nāv-is, *-is*, f. : in : qui : vĕnio, *vēni*, 4 : ăbeo, *anom.*, 4 : māne, *indecl.* : Cypr-us, *-i*.

EXERCISE XVIII.

1. Sign-um, *-i*, n. : do, *dĕdi*, *dătum*, 1 : cīv-is, *-is* : concurro, 3 : ad : arm-a, *-ōrum*, *plu.*
2. Tarquinius, m. : ex-pello, *-pŭli*, *-pulsum*, 3 : fruor, *dep.*, 3 : pax, *pācis*.
3. Tarquinius, m. : ex-ĭgo, *-ēgi*, *-actum*, 3 : Rōm-a, *-ae* : fŭgio, *fūgi*, 3 : Caere, *indecl.*
4. Arb-or, *-ŏris*, f. : suc-cīdo, *-cīdi*, *-cīsum*, 3 : agrĭcŏl-a, *-ae* : rĕd-eo, *-ii*, *anom.*, 4 : Găbi-i, *-ōrum*, *plu.* : quătuor : hōr-a, *-ae*, f.
5. Serv-us, *-i* : do, *dĕdi*, 1 : ĕpistŏl-a, *-ae*, f. : qui : in-vĕnio, *-vēni*, 4 : Jūli-a, *-ae* : fīli-a, *-ae* : praet-or, *-ōris*.
6. Dies, m. : sum : long-us, *-a*, *-um* : aest-as, *-ātis* : quam : hi-ems, *-ĕmis*.
7. Praed-o, *-ōnis*, m. : a : qui : nāv-is, *-is*, f. : dī-rĭpio, *-rĭpui*, *-reptum*, 3 : ef-fŭgio, *-fūgi*, 3.
8. Host-is, *-is*, m. : sŭpĕro, 1 : măr-e, *-is* : -que : terr-a, *-ae* : mitto, *mīsi*, 3 : lēgāt-us, *-i* : ad : Caes-ar, *-ăris* : de : pax, *pācis*.

9. They-said that-they would-give him hostages.
10. We-all hope that-you will-come home soon.
11. The general caught-sight-of the forces of-the-enemy at-the-fourth hour.
12. Caesar would-have-been-made king by Antonius.
13. Brave-men do-not fear the dangers of-the-sea.
14. Some thought that-they were-being-conquered, others that-the-enemy were-running-away.
15. The poor-man was content with-bread and cheese.
16. The shepherd's dog, which we-all love, has-bitten many wolves with-his-teeth.
17. The ship having-been-wrecked, the sailors lived-on the eggs of-gulls and fish for-many months.
18. The queen being-about-to-return, the king gave thanks to-the-gods.
19. The Gauls, having-endeavoured to-cross the river, were-driven-back by-the-weapons of-our-men.
20. This war having-been-finished, the soldiers remained at-home the whole summer.

EXERCISE XIX.

1. The Gauls waged war for-ten years with the Romans.
2. Having-heard these-things, Sulla determined to-storm the city without delay.
3. An insurrection has-broken-out within the city.
4. The girl is-walking in the garden with her-uncle, who has-returned to Italy from-Carthage.

9. Dīco, *dixi*, 3 : se : do, *dĕdi*, *dătum*, 1 : is : obs-es, *-ĭdis*.
10. Omn-is, *-e* : spēro, 1 : tu : vĕnio, *vēni*, *ventum*, 4 : dŏm-us, *-ūs* : mox.
11. Dux, *dŭcis*, m. : conspĭcor, *dep.*, 1 : cōpi-ae, *-ārum*, *plu.* : host-is, *-is* : quart-us, *-a*, *-um* : hōr-a, *-ae*, f.
12. Caesar : fīo, *factus sum*, *anom.* : rex, *rēgis* : ab : Antōni-us, *-i*.
13. Fort-is, *-e* : non : tĭmeo, 2 : pĕrīcŭl-um, *-i* : măr-e, *-is*.
14. Ălius : existĭmo, 1 : se : vinco, 3 : ălius : host-is, *-is* : aufŭgio, 3.
15. Paup-er, *-ĕris*, m. : sum : content-us, *-a*, *-um* : pān-is, *-is* : et : cāse-us, *-i*.
16. Căn-is, *-is*, c. : past-or, *-ōris* : qui : omn-is, *-e* : ămo, 1 : mordeo, *mŏmordi*, 2 : mult-us, *-a*, *-um* : lŭp-us, *-i*, m. : dens.
17. Nāv-is, *-is*, f. : frango, *frēgi*, *fractum*, 3 : naut-a, *-ae* : vescor, *dep.*, 3 : ōv-um, *-i* : merg-us, *-i* : et : pisc-is, *-is* : mult-us, *-a*, *-um* : mens-is, *-is*, m.
18. Rēgīn-a, *-ae*, f. : rĕd-eo, *-ii*, *-ĭtum*, *anom.*, 4 : rex, *rēgis* : ăgo, *ēgi*, 3 : grati-ae, *-ārum*, *plu.* : deus.
19. Galli, *plu.*, m. : cōnor, *dep.*, 1 : transeo, *anom.*, 4 : flūm-en, *-ĭnis* : rĕ-pello, *-pŭli*, *-pulsum*, 3 : tēl-um, *-i* : noster.
20. Hic : bellum, n. : con-fĭcio, *-fēci*, *-fectum*, 3 : mīles, *-ĭtis* : măneo, *mansi*, 2 : dŏm-us, *-ūs* : tōt-us, *-a*, *-um*, : aest-as, *-ātis*, f.

EXERCISE XIX.

1. Galli, *plu.* : gĕro, *gessi*, 3 : bellum : dĕcem : ann-us, *-i*, m. : cum : Rōmāni, *plu.*
2. Audio, 4 : hic : Sulla : stăt-uo, *-ui*, 3 : oppugno, 1 : urbs, *urbis* : sīne : mŏr-a, *-ae*.
3. Sēdĭti-o, *-ōnis*, f. : ex-ŏrior, *-ortus sum*, *dep.*, 4 : intra : urbs, *urbis*.
4. Puell-a, *-ae* : ambŭlo, 1 : in : hort-us, *-i* : cum : patru-us, *-i*, m. : qui : rĕd-eo, *-ii*, *anom.* 4 : in : Ităli-a, *-ae* : Carthāg-o, *-ĭnis*.

5. The palace, **which** the king has-built, is-said to-be eighty feet high.
6. The **poet's son is wiser than the** farmer's brother.
7. The general, having-taken-possession-of the gold by-violence, threw the guards into **prison**.
8. We, **who are-living** in-London, **enjoy** the warmth of-the-sun.
9. Let-us-perform honestly all the duties of-life.
10. Nowhere is the water colder **or** more-pure than in this **spring**.
11. In-the-meantime, **Labienus led the army** from-Genabum to-Gergovia.
12. The army having-**been-landed, the soldiers** remained the whole night on **the shore**.
13. **They-say** that-the-Gauls have-taken the camp.
14. **The spies** announced that-the-city would-be-stormed the **next day**.
15. We - know that-iron is more-useful to - men than - silver.
16. Caesar promised **that-he** would-return to-Lutetia.
17. The robber slew the **maiden, whom** he-had-taken, **with-his-own** hand.
18. The horses of-the-barbarians were-loaded with-the-spoils, which they-had-taken from the temple.
19. They-will-wait-for their-companions at the gates of-the-town.
20. The judge, **moved** by-anger, has-condemned all the women.

5. Rēgi-a, -ae, f.: qui : rex, rēgis : aedĭfĭco, 1 : dīcor, 3 : sum : octōginta : pes, m. : alt-us, -a, -um.
6. Fīlius, m. : poēt-a, -ae : sum : săpi-ens, -entis, adj. : frā-ter, -tris: agrĭcŏl-a, -ae.
7. Dux, dŭcis, m. : pŏtior, pŏtītus sum, dep., 4 : aur-um, -i : vis, defect.: con-jĭcio, -jēci, 3 : cust-os, -ōdis: in : carc-er, -ĕris.
8. Ĕgo : qui : hăbĭto, 1: Londini-um, -i : fruor, dep., 3 : căl-or, -ōris : sol, sōlis.
9. Fungor, dep., 3 : fĭdēlĭter : omn-is, -e : offĭci-um, -i, n. : vīt-a, -ae.
10. Nusquam : sum : ăqu-a, -ae, f. : frĭgĭd-us, -a, -um : vel : pūr-us, -a, -um : quam : in : hic : fons, fontis, m.
11. Intĕrim : Labiēnus : dūco, duxi, 3 : exercĭt-us, -ūs : Genăb-um, -i : Gergŏvi-a, -ae.
12. Exercĭt-us, -ūs, m. : ex-pōno, -pŏsui, -pŏsĭtum, 3 : mīl-es, -ĭtis : măneo, mansi, 2 : tōt-us, -a, -um : nox, noctis, f. : in: līt-us, -ŏris.
13. Dīco, 3 : Galli, plu. : căpio, cēpi, 3 : castr-a, -ōrum, plu.
14. Spĕcŭlāt-or, -ōris : nuntio, 1 : urbs, urbis : oppugno, 1 : postĕr-us, -a, -um : dies, m.
15. Scio, 4 : ferr-um, -i, n. : sum : ūtĭl-is, -e : hŏm-o, -ĭnis : argent-um, -i.
16. Caesar : pollĭceor, pollĭcĭtus sum, dep., 2 : se : rĕd-eo, -ii, -ĭtum, anom., 4 : Luteti-a, -ae.
17. Latr-o, -ōnis : oc-cīdo, -cīdi, 3 : virgo, f. : qui : căpio, cēpi, 3 : suus : măn-us, -ūs, f.
18. Ĕqu-us, -i, m. : barbăr-i, -ōrum, plu. : ŏnĕro, 1 : spŏli-a, -ōrum, plu., n. : qui : tollo, sustŭli, 3 : ex : templ-um, -i.
19. Expecto, 1 : cŏm-es, -ĭtis : ad : port-a, -ae : oppĭd-um, -i.
20. Jūdex, m. : mŏveo, mōvi, mōtum, 2 : īr-a, -ae : condemno, 1 : omn-is, -e : mŭli-er, -ĕris, f.

EXERCISE XX.

1. You, **who** are in-the-country, **have-sent** these letters to us, who have-remained at-home.
2. "**Let-us-follow** our-general," cried the lieutenant, "and fight bravely for our-wives and children."
3. Socrates **was** the wisest of-the-philosophers, who at-that time were-living at-Athens.
4. The citizens asserted that-the-queen had-been-condemned.
5. The father of-this boy is richer than my grandfather.
6. Caesar told his-wife that-she was very-dear to-him.
7. I, who have-been-expelled from-Byzantium, have-taught many boys at-Cadiz.
8. The Germans used-to-live-on milk **and flesh**.
9. The slave told me that-he had-lost **the** money.
10. Hannibal **was** a more-skilful general than Crassus.
11. These-things **were-done** in the consulship of **Caesar and Pompey** [*say*, Caesar and Pompey being-consuls].
12. The general, having-advanced ten miles, drew-up his-line-of-battle in the plain.
13. Sing, O-happy birds, in the shady grove.
14. The poet was-sitting under an ancient elm.
15. The youth, having-left his-friends at-home, started for-London at-daybreak.
16. Caesar understood that-his-legions were-not able to-fight in his absence [*say*, he-himself being-absent].

EXERCISE XX.

1. Tu : qui : sum : rus, *rūris* : mitto, *mīsi*, 3 : hic : ĕpistŏl-a, *-ae*, f. : ad : ĕgo : qui : măneo, *mansi*, 2 : dŏm-us, *-ūs*.
2. Sĕquor, *dep.*, 3 : dux, *dŭcis* : exclāmo, 1 : lēgāt-us, *-i* : et : pugno, 1 : fortĭter : pro : ux-or, *-ōris* : et : lībĕr-i, *-ōrum, plu.*
3. Sōcrătes, m. : sum : săpi-ens, *-entis, adj.*, : phĭlŏsŏph-us, *-i*, m. : qui : is : temp-us, *-ŏris*, n. : hăbĭto, 1 : Athēn-ae, *-ārum, plu.*
4. Cīv-is, *-is* : affirmo, 1 : rēgīn-a, *-ae*, f. : condemno, 1.
5. Păter, m. : hic : puer, m. : sum : dīv-es, *-ĭtis, adj.* meus : ăv-us, *-i*, m.
6. Caesar : dīco, *dixi*, 3 : ux-or, *-ōris* : is : sum : cār-us, *-a, -um* : se.
7. Ĕgo : qui : ex-pello, *-pŭli, -pulsum*, 3 : Byzanti-um, *-i* : dŏceo, 2 : mult-us, *-a, -um* : puer, m. : Gād-es, *-ium, plu.*
8. Germāni, *plu.* : vescor, *dep.*, 3 : lac, *lactis* : et : căro, *carnis*.
9. Serv-us, *-i* : dīco, *dixi*, 3 : ĕgo : se : ā-mitto, *-mīsi*, 3 : pĕcūni-a, *-ae*.
10. Hannĭbal : sum : pĕrīt-us, *-a, -um* : dux, *dŭcis*, m. : Crassus.
11. Hic : fio, *factus sum, anom.* : Caes-ar, *-ăris* : et : Pompēius : cons-ul, *-ŭlis*.
12. Dux, *dŭcis*, m. : prō-grĕdior, *-gressus sum, dep.*, 3 : dĕcem : mille passūs : in-struo, *-struxi*, 3 : ăci-es, *-ēi* : in : plānĭti-es, *-ēi*.
13. Canto, 1 : fēlix : ăv-is, *-is*, f. : in : umbrōs-us, *-a, -um* : nĕm-us, *-ŏris*, n.
14. Poēt-a, *-ae* : sĕdeo, 2 : sub : antīqu-us, *-a, -um* : ulm-us, *-i*, f.
15. Ădŏlesc-ens, *-entis*, m. : rĕ-linquo, *-līqui, -lictum*, 3 : ămīc-us, *-i*, m. : dŏm-us, *-ūs* : prŏ-fĭciscor, *-fectus sum, dep.*, 3 : Londīni-um, *-i* : prīma lux, *prīmae lūcis*.
16. Caesar : intell-ĭgo, *-exi*, 3 : lĕgi-o, *-ōnis* : non : possum, *anom.* : pugno, 1 : se : abs-ens, *-entis*.

17. We-know that-many stars are larger than the earth.
18. The old-man said that-he had-lost many friends by-his-own folly.
19. The conqueror will-enter the city, which he-has-taken, on-the-third day.
20. They-were-saying that-they had-gained a great victory.

EXERCISE XXI.

1. The enemy's camp was-distant twenty-five miles from Caesar's winter-quarters.
2. Having-spoken thus, the general dismissed the ambassadors.
3. Having-destroyed Carthage, Scipio will-return to Italy.
4. These boys are worthy of-praise and of-rewards.
5. Having-heard this, a great shout arose.
6. Having-made this speech, the judge sat-down.
7. The knights are-using golden spurs.
8. We-have-heard that-Marius will-depart in-two-days.
9. The sailors say that-they will-sail to-Cyprus or to-Alexandria.
10. Let-the-wicked be-punished with-the-utmost severity.
11. The youth says that-I am more-beautiful than his-own sister.
12. Some prefer to-remain at-home, others to-go into-the-country.
13. The valour of-our soldiers was-known at-the-wars.

17. Scio, 4 : mult-us, -a, -um : stell-a, -ae, f. : sum : magn-us, -a, -um : terr-a, -ae.
18. Sĕnex : dīco, dixi, 3 : se : ā-mitto, -mīsi, 3 : mult-us, -a, -um : ămīc-us, -i, m. : suus : stultĭti-a, -ae, f.
19. Vict-or, -ōris : intro, 1 : urbs, urbis, f. : qui : căpio, cēpi, 3 : terti-us, -a, -um : dies, m.
20. Dīco, 3 : se : rĕporto, 1 : magn-us, -a, -um : victōri-a, -ae, f.

EXERCISE XXI.

1. Castr-a, -ōrum, plu. : host-is, -is : absum : vīginti : quinque : mille passūs : ab : hībern-a, -ōrum, plu. : Caes-ar, -ăris.
2. Lŏquor, lŏcūtus sum., dep., 3 : ĭta : dux, dŭcis, m. : dīmitto, -mīsi, 3 : lēgāt-us, -i.
3. Dēl-eo, -ēvi, -ētum, 2 : Carthāg-o, -ĭnis, f. : Scipio : rĕdeo, anom., 4 : in : Ităli-a, -ae.
4. Hic : puer, m. : sum : dign-us, -a, -um : laus, laudis : et : praemi-um, -i.
5. Audio, 4 : hic : magn-us, -a, -um : clām-or, -ōris, m. : ex-ŏrior, -ortus sum, dep., 4.
6. Hăbeo, 2 : hic : ōrāti-o, -ōnis, f. : jūdex : con-sīdo, -sēdi, 3.
7. Ĕqu-es, -ĭtis : ūtor, dep., 3 : aure-us, -a, -um : calcar, n.
8. Audio, 4 : Mari-us, -i, m. : dis-cēdo, -cessi, -cessum, 3 : bĭdu-um, -i.
9. Naut-a, -ae : dīco, 3 : se : nāvĭgo, 1 : Cypr-us, -i : aut : Ălexandrī-a, -ae.
10. Imprŏb-us, -a, -um : pūnio, 4 : summ-us, -a, -um : sĕvĕrĭtas, -ātis, f.
11. Ădŏlesc-ens, -entis : dīco, 3 : ĕgo : sum : pul-cher, -chra, -chrum : suus : sŏr-or, -ōris, f.
12. Ălius : mālo, anom. : măneo, 2 : dŏm-us, -ūs : ălius : eo, anom., 4 : rus, rūris.
13. Virt-ūs, -ūtis, f. : noster : mīles, -ĭtis, m. : cogn-osco, -ōvi, -ĭtum, 3 : bellum.

E

14. We-hear that-the-money has-been-restored to-Caius.
15. **The Treviri, whom** Caesar has-lately subdued, dwell **on-**this-side-of the Rhine.
16. The citizens have-conspired against the king.
17. **You and I, who** have-endured many dangers, at-length **enjoy repose.**
18. This **mountain,** which is-called **Cevenna,** separates the Arveni **from the** Helvii.
19. **They-will-make an** inroad **into** the territory **of-the-**Suevi, who have-settled **there** on-account-of the fertility of-the-ground.
20. Having-surrounded **the head** of-the-conqueror with-a-crown, the maidens **hastened** into the temple.

EXERCISE XXII.

1. The camp having-been-pitched before **the town,** the general tarried there for-two-days.
2. Let-us-use the swords, which the robbers have-left on-the-ground.
3. Having-left two **legions** at-Agendicum, Caesar set-out for-Genabum.
4. **Under** the leadership of Miltiades [*say*, Miltiades being-leader], the Athenians routed the Persians on the **plain** of-Marathon.
5. **The** maidens, who were-singing **in** the wood, are the **sisters of-**Marcus, **whom** you-saw yesterday.
6. Let-the-soldiers fight very-bravely for their-hearths and temples.
7. We-have-read your letter with-the-greatest sorrow, O-my **son.**
8. **The** general, influenced by-the-prayers of-the-citizens, has-placed guards **at the gates.**

14. Audio, 4 : pĕcūni-a -ae, f. : red-do, -dĭdi, -dĭtum, 3 : Cai-us, -i.
15. Trēvĭri, plu., m. : qui : Caesar : nūper : sub-ĭgo, -ēgi, 3 : incŏlo, 3 : cis : Rhēn-us, -i.
16. Cīv-is, -is : conjūro, 1 : contra : rex, rēgis.
17. Tu : et : ĕgo : qui : pătior, passus sum, dep., 3 : mult-us, -a, -um : pĕrīcŭl-um, -i, n. : tandem : fruor, dep., 3 : ōti-um, -i.
18. Hic : mons, montis, m. : qui : vŏcor, 1 : Cevenna : disclūdo, 3 : Arverni, plu. : ab : Helvii, plu.
19. Făcio, 3 : incursi-o, -ōnis : in : fīn-es, -ium, plu. : Suevi, plu., m. : qui : con-sīdo, -sēdi, 3 : ĭbi : propter : fertĭlĭt-as, -ātis : lŏc-us, -i.
20. Cingo, cinxi, cinctum, 3 : căput, n. : vict-or, -ōris : cŏrōn-a, -ae : virgo : festīno, 1 : in : aed-es, -is.

EXERCISE XXII.

1. Castr-a, -ōrum, plu., n. : pōno, pŏsui, pŏsĭtum, 3 : ante : oppĭd-um, -i : dux, dŭcis, m. : mŏror, dep., 1 : ĭbi : bĭduum, -i.
2. Utor, dep., 3 : glădi-us, -i, m. : qui : latr-o, -ōnis : rĕlinquo, -līqui, 3 : hŭm-us, -i.
3. Rĕ-linquo, -līqui, -lictum, 3 : duo : lĕgi-o, -ōnis, f. : Agendĭc-um, -i : Caesar : prŏ-fĭciscor, -fectus sum, dep., 3 : Genăb-um, -i.
4. Miltiăd-es, -is : dux, dŭcis : Ăthēnienses, plu. : fŭgo, 1 : Pers-ae, -ārum, plu. : in : camp-us, -i, m. : Mărăthōni-us, -a, -um, adj.
5. Virgo, f. : qui : canto, 1 : in : silv-a, -ae : sum : sŏr-or, -ōris : Marc-us, -i, m. : qui : vĭdeo, vīdi, 2 : hĕri.
6. Mīl-es, -ĭtis : pugno, 1 : fortĭter : pro : fŏc-us, -i : et : templ-um, -i.
7. Lĕgo, lēgi, 3 : tuus : ĕpistŏl-a, -ae, f. : summ-us, -a, -um : dŏl-or, -ōris, m. : meus : fīlius, m.
8. Dux, dŭcis, m. : mŏveo, mōvi, mōtum, 2 : prĕc-es, -um, plu. : cīv-is, -is : dis-pōno, -pŏsui, 3 : cust-os, -ōdis : ad : port-a, -ae.

9. We-have-eaten the apples, **which** our-grandfather **gave us.**
10. **The woman, who stole the chickens,** has-lost all her-friends by-her-avarice.
11. **Read the** books, O-boys, which have-been-sent to you **by your-mothers.**
12. **In-the-winter bears** sleep in caves, **but in-spring they-wander** through the woods.
13. **The farmer** has-shot with-an-arrow the eagle, which **built its-nest** on the summit of-this mountain.
14. Having-heard **these reports,** Labienus determined to-hasten through **the territories** of-the-Aedui.
15. **The** consul will-remain **at-Capua** for-the-space-of-three-years.
16. **The dogs were-barking the whole night.**
17. **Next day, many dogs were-killed by the** neighbours **with-stones and poison.**
18. The tower **is seventy** feet high.
19. At the request **of the** Aedui [*say,* **the Aedui** requesting], Caesar led his-army over the **Loire.**
20. We-all know that-that good man has this good **wife.**

EXERCISE XXIII.

1. **He-says** that-the-letter has-been-sent to Caius, the **brother of-Balbus.**
2. **My-sister** being-dead, I-shall-set-out from-Rome at-once.
3. **The shepherd,** having-killed the **wolf,** drove the lambs **into the** sheepfold.
4. **Having-raised a** shout, **the** sailors jumped-down into the water.
5. **The queen,** having-exhorted **the citizens,** sat-down.
6. **The master** told his-slave **that-he [***viz.,* the **slave]** was more-faithful than **his-own friends.**

9. Ĕdo, ēdi, 3 : māl-um, -i, n. : qui : ăv-us, -i : do, dĕdi, 1 : ĕgo.
10. Mŭli-er, -ĕris, f. : qui : sur-rĭpio, -rĭpui, 3 : pull-us, -i : ā-mitto, -mīsi, 3 : omn-is, -e : ămīc-us, -i, m. : ăvārĭti-a, -ae.
11. Lĕgo, 3 : lĭ-ber, -bri, m. : puer : qui : mitto, mīsi, missum, 3 : ad : tu : a : mā-ter, -tris.
12. Hi-ems, -ĕmis : urs-us, -i : dormio, 4 : in : antr-um, -i : sed : ver, vĕris : văgor, dep., 1 : per : silv-a, -ae.
13. Agrĭcŏl-a, -ae : con-fīgo, -fixi, 3 : săgitt-a, -ae : ăquĭl-a, -ae, f. : qui : con-struo, -struxi, 3 : nīd-us, -i : in : culm-en, -ĭnis : hic : mons, montis, m.
14. Audio, 4 : hic : rūm-or, -ōris, m. : Labiēnus : stăt-uo, -ui, 3 : festīno, 1 : per : fīn-es, -ium, plu. : Aedui, plu.
15. Cons-ul, -ŭlis : măneo, 2 : Căpu-a, -ae : trienni-um, -i.
16. Cău-is, -is : lātro, 1 : tōt-us, -a, -um : nox, noctis, f.
17. Postĕr-us, -a, -um : dies, m. : mult-us, -a, -um : căn-is, -is, c. : inter-fĭcio, -fēci, -fectum, 3 : a : vīcīn-us, -i : sax-um, -i : et : vĕnēn-um, -i.
18. Turr-is, -is, f. : sum : septuāginta : pes, m. : alt-us, -a, -um.
19. Aedui, plu., m. : pĕto, 3 : Caesar : dūco, duxi, 3 : exercĭt-us, -ūs : trans : Lĭg-er, -ĕris.
20. Omn-is, -e : scio, 4 : ille : bŏnus : vir, vĭri, m. : hăbeo, 2 : hic : bŏnus : ux-or, -ōris, f.

EXERCISE XXIII.

1. Dico, 3 : ĕpistŏl-a, -ae, f. : mitto, mīsi, missum, 3 : ad : Cai-us, -i : frā-ter, -tris : Balb-us, -i.
2. Sŏr-or, -ōris, f. : mŏrior, mortuus sum, dep., 3 : prŏfĭciscor, dep., 3 : Rōm-a, -ae : stătim.
3. Past-or, -ōris : inter-fĭcio, -fēci, -fectum, 3 : lŭp-us, -i, m. : ăgo, ēgi, 3 : agn-us, -i : in : ŏvīl-e, -is.
4. Tollo, sustŭli, sublātum, 3 : clām-or, -ōris, m. : naut-a, -ae : dē-sĭlio, -sĭlui, 4 : in : ăqu-a, -ae.
5. Rēgīn-a, -ae, f. : cŏhortor, dep., 1 : cīv-is, -is : con-sīdo, -sēdi, 3.
6. Dŏmĭnus : dīco, dixi, 3 : serv-us, -i : is : sum : fĭdēl-is, -e : suus : ămīc-us, -i, m.

7. The approach of-Caesar having-been-announced to-the-Arverni, the chief led his-forces to the pass.
8. Having-drawn their-swords, the soldiers of-the-tenth legion seize the gates of-the-city.
9. The spies announced that-the-Nervii had-got-possession-of the camp.
10. Brutus and Cassius, by whom Caesar is-said to-have-been-killed, have-adorned these temples with-very-beautiful statues.
11. The king, having-got-possession-of the town by-treachery, will-pull-down the walls.
12. I-was-going to-Athens with my-friends, whom I-had-not seen for-many years.
13. Having-sent ambassadors, the Remi asked-for peace.
14. Let-us-remain the whole summer either at-Baiae or at-Naples.
15. We-will-return to-Rome in-the-autumn.
16. All boys enjoy apples, pears, [and] nuts.
17. The pirates have-killed two girls with-swords.
18. The lieutenant, relying-on the valour of-the-infantry, resolved to-storm the city at-dawn.
19. Philosophers say that-wisdom is better than wealth.
20. The boy, to-whom I-gave the money, has-not-yet returned.

7. Advent-us, *-ūs*, m. : Caes-ar, *-ăris* : nuntio, 1 : Arvern-i, *-ōrum, plu.* : prin-ceps, *-cĭpis* : dūco, *duxi*, 3 : cōpi-ae, *-ārum, plu.* : **ad** : fauc-es, *-ium, plu.*
8. De-stringo, *-strinxi, -strictum*, 3 : glădi-us, *-i*, m. : mīl-es, *-ĭtis* : dĕcĭm-us, *-a, -um* : lĕgi-o, *-ōnis*, f. : occŭpo, 1 : port-a, *-ae* : urbs, *urbis*.
9. Spĕcŭlāt-or, *-ōris* : nuntio, 1 : Nervi-i, *-ōrum, plu.* : pŏtior, *pŏtītus sum, dep.*, 4 : castr-a, *-ōrum, plu.*
10. Brutus : et : Cassius : a : qui : Caesar : dīcor, 3 : inter-fĭcio, *-fēci, -fectum*, 3 : orno, 1 : hic : templ-um, *-i*, n. : pul-cher, *-chra, -chrum* : stătu-a, *-ae*, f.
11. Rex, *rēgis*, m. : pŏtior, *pŏtītus sum, dep.*, 4 : oppĭd-um, *-i* : dŏl-us, *-i* : disjĭcio, 3 : moen-ia, *-ium, plu.*
12. Eo, *anom.*, 4 : Ăthēn-ae, *-ārum, plu.* : cum : ămīc-us, *-i*, m. : qui : non : vĭdeo, *vīdi*, 2 : mult-us, *-a, -um* : ann-us, *-i*, m.
13. Mitto, *mīsi, missum*, 3 : lēgāt-us, *-i*, m. : Remi, *plu.* : pĕto, *pĕtĭi*, 3 : pax, *pācis*.
14. Măneo, 2 : tōt-us, *-a, -um* : aest-as, *-ātis*, f.: **aut** : Bai-ae, *-ārum, plu.* : **aut** : Neāpŏl-is, *-is*.
15. Rĕdeo, *anom.*, 4 : Rōm-a, *-ae* : auctumn-us, *-i*.
16. Omn-is, *-e* : puer, m. : fruor, *dep.*, 3 : māl-um, *-i* : pĭr-um, *-i* : nux, *nŭcis*.
17. Praed-o, *-ōnis* : oc-cīdo, *-cīdi*, 3 : duo : puell-a, *-ae*, f. : glădi-us, *-i*.
18. Lēgāt-us, *-i*, m. : frēt-us, *-a, -um* : virt-ūs, *-ūtis* : pĕd-es, *-ĭtis* : stăt-uo, *-ui*, 3 : oppugno, 1 : urbs, *urbis* : **prīma lux**, *prīmae lūcis*.
19. Phĭlŏsŏph-us, *-i* : dīco, 3 : săpienti-a, *-ae*, f. : sum : mĕlior : dīvĭti-ae, *-ārum, plu.*
20. Puer, m. : qui : do, *dĕdi*, 1 : pĕcūni-a, *-ae* : nondum : rĕd-eo, *-ii, anom.*, 4.

EXERCISE XXIV.

1. The prisoners, **who** were-brought into the city at-the-fourth hour, will-be-put-to-death to-morrow.
2. Many **rivers flow** into the Black Sea.
3. **Romulus, who** is-said to-have-founded Rome, saw twelve **eagles** in-the-morning.
4. Having-thrown-away their-swords, the gladiators fought with-their-fists.
5. **The farmer** killed **a snake,** which was-lying-hid in **the grass, with-a-pitchfork.**
6. **Let-us-cherish** friends, **who are** dear to-us.
7. **In-two-days** we-shall-see Rome, **the capital** of-Italy.
8. **The judge** said in-the-presence-of witnesses, that-good **citizens** were-unwilling **to-break** the laws.
9. The general led-back the soldiers into the **town,** from which he-had-led them at-daybreak.
10. Under your leadership [*say,* you being-leader] we-shall-easily conquer all our-enemies.
11. **The girl** thought that-she was very-wise.
12. **The mother told** her-daughter, that-she [*viz.* the daughter] **was more-beautiful** than Calpurnia, the wife of-Caesar.
13. The messengers **asserted** that-the-Gauls would-attempt to-storm the **city** on-the-fifth day.
14. The fish, **which the** angler has-caught, has-devoured many flies.
15. The leader of-the-Gauls having-been-slain by Manlius, the Romans raised **a** loud **shout.**
16. The senators, alarmed by-the-shouts of-the-citizens, ran **from** the Forum **into** the temple.

EXERCISE XXIV.

1. Captīv-us, -i, m.: qui: ad-dūco, -duxi, -ductum, 3: in: urbs, urbis: quart-us, -a, -um: hōr-a, -ae, f.: interfĭcio, 3: cras.
2. Mult-us, -a, -um: flūm-en, -ĭnis, n.: fluo, 3: in: Pontus Euxīnus.
3. Rōmŭlus, m.: qui: dīcor, 3: con-do, -dĭdi, 3: Rōm-a, -ae: vĭdeo, vīdi, 2: duŏdĕcim: ăquĭl-a, -ae, f.: māne, indecl.
4. Ab-jĭcio, -jēci, -jectum, 3: glădi-us, -i, m.: glădiāt-or, -ōris: pugno, 1: pugn-us, -i.
5. Agrĭcŏl-a, -ae: inter-fĭcio, -fēci, 3: angu-is, -is, c.: qui: lăteo, 2: in: grām-en, -ĭnis: furc-a, -ae.
6. Fŏveo, 2: ămĭc-us, -i, m.: qui: sum: cār-us, -a, -um: ĕgo.
7. Bĭdu-um, -i: vĭdeo, 2: Rōm-a, -ae: căput: Ităli-a, -ae.
8. Jūdex: dīco, dixi, 3: cōram: test-is, -is: bŏnus: cīv-is, -is, c.: nōlo, anom.: viŏlo, 1: lex.
9. Dux, dŭcis: rĕ-dūco, -duxi, 3: mīl-es, -ĭtis, m.: oppĭd-um, -i, n.: ex: qui: dūco, duxi, 3: is: prīma lux, prīmae lūcis.
10. Tu: dux, dŭcis: făcĭle: vinco, 3: omn-is, -e: host-is, -is, m.
11. Puell-a, -ae: pŭto, 1: se: sum: săpi-ens, -entis, adj.
12. Mā-ter, -tris: dīco, dixi, 3: fīli-a, -ae: is: sum: pul-cher, -chra, -chrum: Calpurni-a, -ae: ux-or, -ōris: Caes-ar, -ăris.
13. Nunti-us, -i: affirmo, 1: Galli, plu.: cōnor, dep., 1: oppugno, 1: urbs, urbis: quint-us, -a, -um: dies, m.
14. Pisc-is, -is, m.: qui: piscāt-or, -ōris: căpio, cēpi, 3: dĕvŏro, 1: mult-us, -a, -um: musc-a, -ae, f.
15. Dux, dŭcis, m.: Galli, plu: inter-fĭcio, -fēci, -fectum, 3: a: Manli-us, -i: Rōmāni, plu.: tollo, sustŭli, 3: magn-us, -a, -um: clām-or, -ōris, m.
16. Sĕnāt-or, -ōris, m.: terreo, 2: clām-or, -ōris: cīv-is, -is: curro, cŭcurri, 3: e: Fŏr-um, -i: in: aed-es, -is.

17. The speeches, which the old-man is-accustomed to-make, are very-long.
18. No animal is **more-useful** to-us than **the** horse.
19. The judge has-sold **the** house, which he-lately bought.
20. **This man is** unworthy of-so-great rewards.

EXERCISE XXV.

1. These knights, who are-considered very-bold, have-urged-on their-horses with-their-sharp spurs.
2. The jackdaw, which **the** boy killed with-a-stone, **was-sitting on** the-ruins **of-this** temple.
3. **The girl**, whose **mother** is-called Cornelia, is-considered **very-wise**.
4. The slave, to-whom Brutus gave the-money, has-bought three acres and a black cow.
5. The city, from which the prisoner has-escaped, would-have-been-plundered by the enemy.
6. You, O-my son, are more-precious **to-me** than great riches.
7. **The spies have-returned** to-Capua from-Tarentum.
8. **Virgil, the famous poet,** died at-Brindisi.
9. **The slave was-**walking with his-master in the **garden in-the-evening.**
10. **Caesar** endeavoured for-ten days **to-enter** the city, which he-was-besieging.
11. The boys were-unwilling **to-kill the cat,** whose tail was **one** foot long.
12. The fleet having-been-burnt, **the** merchants were-wishing to-sail home.

17. Orāti-o, *-ōnis*, f. : qui : sĕnex : sŏleo, 2 : hăbeo, 2 : sum : long-us, *-a, -um*.
18. Null-us, *-a, -um* : ănĭmal, n. : sum : ūtĭl-is, *-e* : ĕgo : ĕqu-us, *-i*.
19. Jūdex : ven-do, *-dĭdi*, 3 : dŏm-us, *-ūs*, f. : qui : nūper : ĕmo, *ēmi*, 3.
20. Hic : hŏm-o, *-ĭnis*, m. : sum : indign-us, *-a, -um* : tant-us, *-a, -um* : praemi-um, *-i*, n.

EXERCISE XXV.

1. Hic : ĕqu-es, *-ĭtis*, m. : qui : hăbeor, 2 : aud-ax, *-ācis, adj.* incĭto : ĕqu-us, *-i* : ăcūt-us, *-a, -um* : calcar, n.
2. Grăcŭl-us, *-i*, m : qui : puer : inter-fĭcio, *-fēci*, 3 : lăp-is, *-ĭdis* : sĕdeo, 2 : in : ruīn-a, *-ae* : hic : templ-um, *-i*, n.
3. Puell-a, *-ae*, f. : qui : mā-ter, *-tris* : vŏcor, 1 : Cornēli-a, *-ae* : hăbeor, 2 : săpi-ens, *-entis, adj.*
4. Serv-us, *-i*, m : qui : Brutus : do, *dĕdi*, 1 : pĕcūni-a, *-ae* : ĕmo, *ēmi*, 3 : tres : jūgĕr-um, *-i*, n : et : nĭger : vacc-a, *-ae*, f.
5. Urbs, *urbis*, f. : e : qui : captīv-us, *-i* : ef-fŭgio, *-fūgi*, 3 : dī-rĭpio, *-rĭpui, -reptum*, 3 : ab : host-is, *-is*.
6. Tu : meus : filius, m. : sum : prĕtiōs-us, *a, -um* : ĕgo : magn-us, *-a, -um* : dīvĭti-ae, *-ārum, plu.*, f.
7. Spĕcŭlāt-or, *-ōris* : rĕd-eo, *-ii, anom.*, 4 : Căpu-a, *-ae* ; Tărent-um, *-i*.
8. Virgilius : illustr-is, *-e* : poēt-a, *-ae*, m. : mŏrior, *mortuus sum, dep.* 3 : Brundŭsi-um, *-i*.
9. Serv-us, *-i* : ambŭlo, 1 : cum : dŏmĭnus : in : hortus, *-i* : vesp-er, *-ĕri*, and *-ĕris*.
10. Caesar : cōnor, *dep.*, 1 : dĕcem : dies, m : intro, 1 : urbs, *urbis*, f. : qui : obsĭdeo, 2.
11. Puer : nōlo, *anom.* : interfĭcio, 3 : fēl-es, *-is*, f. : qui : caud-a, *-ae*, f. : sum : ūnus : pes, m : long-us, *-a, -um*.
12. Class-is, *-is*, f. : in-cendo, *-cendi, -censum*, 3 : mercāt-or, *-ōris* : vŏlo, *anom.* : nāvĭgo, 1 : dŏm-us, *-ūs*.

13. Winter being-about-to-come, the swallows have-departed from Britain.
14. Having-cut-down **the bridge,** the general led-back his-forces into winter-quarters.
15. They-say that-Xerxes, having-been-conquered in Greece, fled-back into Persia.
16. **The** judge declared that-he **would-punish** the wicked **woman.**
17. Philosophers have-asserted that-nothing **is more-amiable than virtue.**
18. **The books, which** Cicero wrote, **will-be-read by** many boys.
19. We-have-heard that-nightingales are-accustomed to-sing in-spring in this wood.
20. No-one believes that-Caesar has-been-made **king.**

13. Hi-ems, *-ĕmis*, f. : vĕnio, *vēni, ventum*, 4 : hĭrund-o, *-ĭnis*: discēdo, *-cessi*, 3 : ex : Brĭtanni-a, *-ae*.
14. Re-scindo, *-scĭdi, -scissum*, 3 : pons, *pontis*, m. : dux, *dŭcis*: rĕ-dūco, *-duxi*, 3 : cōpi-ae, *-ārum, plu.* : in : hībern-a, *-ōrum, plu.*
15. Narro, 1 : Xerx-es, *-is*, m. : vinco, *vīci, victum*, 3 : in : Graeci-a, *-ae* : rĕ-fŭgio, *-fūgi*, 3 : in : Persi-a, *-ae*.
16. Jūdex : dēclāro, 1 : se : pūnio, 4 : imprŏb-us, *-a, -um* : mŭli-er, *-ĕris*, f.
17. Phĭlŏsŏph-us, *-i* : affirmo, 1 : nĭhil, *indecl.* n : sum : ămābĭl-is, *-e* : virt-ūs, *-ūtis*.
18. Lĭ-ber, *-bri*, m : qui : Cĭcĕro : scrībo, *scripsi*, 3 : lĕgo, 3 : a : mult-us, *-a, -um* : puer, m.
19. Audio, 4 : luscĭni-a, *-ae* : sŏleo, 2 : canto, 1 : ver, *vēris* : in : hic : silv-a, *-ae*, f.
20. Nēmo : crēdo, 3 : Caes-ar, *-ăris* : fīo, *factus sum, anom.* : rex, *rēgis*.

PART II.

EXERCISE I.

Commands.

A.
(The Imperative **Mood**.)

1. Announce these-things to-the-citizens, O-Crassus.
2. Roar, O-waves, around the ship.
3. Fight bravely, O-soldiers, for your-wives and children.
4. Exhort the allies, O-Cassius.
5. Adorn the temples with-flowers, O-slaves.
6. Write many letters, O-sisters.
7. Come hither, my son.
8. Point-out the way to-me, O-boy.
9. Follow your-brave leader, O-soldiers.
10. Watch carefully, O-sailors.

B.
(*Let*, the sign of the Pres. Conj.)

11. Let-boys think.
12. Let-mothers advise their-children.
13. Let-us-run through the city.
14. Let-the-knight urge-on his-horse.
15. Let-the-letter be-sent.
16. Let-him-shut the gates.
17. Let-Caesar exhort the tenth legion.
18. Let-the-women weep.
19. Let-the-slaves set-out immediately.
20. Let-us-open the window.

EXERCISE I.

Commands.

A.

1. Nuntio, 1 : hic : cīv-is, -*is* : Crassus.
2. Frĕmo, 3 : und-a, -*ae* : circum : nāvis, -*is*.
3. Pugno, 1 : fortĭter : mīl-es, -*ĭtis* : pro : ux-or, -*ōris* : et : libĕr-i, -*ōrum, plu.*
4. Exhortor, *dep.* 1 : sŏci-us, -*i* : Cassius.
5. Orno, 1 : templ-um, -*i* : flos, *flōris* : serv-us, -*i*.
6. Scrībo, 3 : mult-us, -*a*, -*um* : ĕpistŏl-a, -*ae*, f. : sŏr-or, -*ōris*.
7. Vĕnio, 4 : huc : meus : filius, m.
8. Monstro, 1 : vi-a, -*ae* : ĕgo : puer.
9. Sĕquor, *dep.* 3 : fort-is, -*e* : dux, *dŭcis*, m : **mil-es,** -*ĭtis*.
10. Vĭgĭlo, 1 : dilĭgenter : naut-a, -*ae*.

B.

11. Puer : pŭto, 1.
12. Mā-ter, -*tris* : **mŏneo,** 2 : libĕr-i, -*ōrum, plu.*
13. Curro, 3 : per : **urbs,** *urbis.*
14. Ĕqu-es, -*ĭtis* : **incĭto,** 1 : ĕqu-us, -*i*.
15. Epistŏl-a, -*ae* : mitto, 3.
16. Claudo, 3 : **port-a,** -*ae.*
17. Caesar : exhortor, *dep.* 1 : dĕcĭm-us, -*a*, -*um* : lĕgi-o, -*ōnis*, f.
18. Mŭli-er, -*ĕris* : fleo, 2.
19. Serv-us, -*i* : prŏfĭciscor, *dep.* 3 : **stătim.**
20. Pătĕfăcio, 3 : fĕnestr-a, -*ae.*

EXERCISE II.

The Relative in the Nominative.

A.

1. Caesar, who conquered the Gauls, was a very-famous general.
2. The girl, who was-singing in the wood, is-considered very-beautiful.
3. We-saw the animals, which were-running across the meadow.
4. The officer defended himself with-the-shield, which-had-been-thrown-away by the soldier.
5. The oak, which has-been-cut-down, was very-ancient.
6. They-have-killed the horse, which was-wounded by-the-weapons of-the-enemy.
7. We, who love our-grandfathers, despise you, who have-never seen your-uncles.
8. You, who have-been-made consul, will-wage war with the Germans.
9. Let-the-judges punish the women, who have-lived wickedly.
10. The king dismissed the ambassadors, who had-been-sent about peace.

EXERCISE II.

The Relative in the Nominative.

A.

1. Caesar, m : qui : vinco, *vīci*, 3 : Gall-i, *-ōrum*, *plu.* : sum : clār-us, *-a*, *-um* : dux, *dŭcis*, m.
2. Puell-a, *-ae*, f. : qui : canto, 1 : in : silv-a, *-ae* : hăbeor, 2 : pul-cher, *-chra*, *-chrum*.
3. Vĭdeo, *vīdi*, 2 : ănĭmal, n. : qui : curro, 3 : trans : prāt-um, *-i*.
4. Praefect-us, *-i* : dē-fendo, *-fendi*, 3 : se : scūt-um, *-i*, n. : qui : ab-jĭcio, *-jēci*, *-jectum*, 3 : a : mīl-es, *-ĭtis*.
5. Querc-us, *-ūs*, f. : qui : suc-cīdo, *-cīdi*, *-cīsum*, 3 : sum : antīqu-us, *-a*, *-um*.
6. Inter-fĭcio, *-fēci*, 3 : ĕqu-us, *-i*, m. : qui : vulnĕro, 1 : tēl-um, *-i* : host-is, *-is*.
7. Ĕgo : qui : ămo, 1 : ăv-us, *-i* : sperno, 3 : tu : qui : nunquam : vĭdeo, *vīdi*, 2 : ăvuncŭl-us, *-i*.
8. Tu : qui : fīo, *factus sum*, *anom.* : cons-ul, *-ŭlis* : gĕro, 3 : bellum : cum : Germān-i, *-ōrum*.
9. Jūdex : pūnio, 4 : fēmĭn-a, *-ae*, f. : qui : vīvo, *vixi*, 3 : prāve.
10. Rex, *rēgis* : dī-mitto, *-mīsi*, 3 : lēgāt-us, *-i*, m. : qui : mitto, *mīsi*, *missum*, 3 : de : pax, *pācis*.

F

EXERCISE II.—*continued.*

B.

11. The Treviri, having-been-routed by Labienus, fled into the nearest woods.

12. Let-good girls restrain their-anger.

13. The philosophers, who have-come into the palace, would-have-admonished the queen.

14. Cultivate virtue and prudence, O-my sons.

15. Let-the-soldiers advance across the mountains, which separate the Arverni from the Roman Province.

16. The robbers have-killed with-their-daggers two maidens, who were-sleeping peacefully beneath a lofty elm.

17. The boy and the girl would-have-laughed.

18. Nobody can live always without sorrow.

19. The queen, having-exhorted her-friends, fled from the palace into the garden.

20. The slave told his-master these-things in-the-presence-of the judge.

EXERCISE II.—*continued.*

B.

11. Trevĭri, *plu.*, m. : fŭgo, 1 : a : Labiēnus : fŭgio, *fūgi*, 3 : in : proxĭm-us, *-a, -um* : silv-a, *-ae*, f.

12. Bŏnus : puell-a, *-ae*, f. : cŏhĭbeo, 2 : īr-a, *-ae*.

13. Phĭlŏsŏph-us, *-i*, m. : qui : vĕnio, *vēni*, 4 : in : rēgi-a, *-ae* : admŏneo, 2 : rēgīn-a, *-ae*.

14. Cŏlo, 3 : virt-ūs, *-ūtis* : et : prūdenti-a, *-ae* : meus : fīlius, m.

15. Mīl-es, *-ĭtis* : prŏgrĕdior, *dep.* 3 : trans : mons, *montis*, m. : qui : disclūdo, 3 : Arvern-i, *-ōrum, plu.* : a : Rōmān-us, *-a, -um* : Prōvinci-a, *-ae*, f.

16. Latr-o, *-ōnis* : inter-fĭcio, *-fēci*, 3 : pŭgi-o, *-ōnis* : duo : virgo, f. : qui : dormio, 4 : plăcĭde : sub : alt-us, *-a, -um* : ulm-us, *-i*, f.

17. Puer : et : puell-a, *-ae* : rīdeo, *rīsi*, 2.

18. Nēmo : possum, *anom.* : vīvo, 3 : semper : sĭne : dŏl-or, *-ōris*.

19. Rēgīn-a, *-ae*, f. : cŏhortor, *dep.*, 1 : ămīc-us, *-i* : fŭgio, *fūgi*, 3 : e : rēgi-a, *-ae* : in : hort-us, *-i*.

20. Servus, *-i* : dīco, *dixi*, 3 : dŏmĭnus : hic : cōram : jūdex.

EXERCISE III.

The Relative in the Accusative.

A.

1. The wolf has-bitten the sheep, which the shepherd was-shearing.
2. The house, which you-see, was-built by Julius, the son of-my friend Balbus.
3. The traveller, whom the robbers were-following through the wood, was-called Marcus.
4. Caesar intrusted the fleet, which he-had-prepared, to-his-lieutenant.
5. The friends, whom we-love, have-been very-faithful.
6. I, whom you-have-praised, am the son of-Caius.
7. The river, which the soldiers have-crossed, was very-deep and broad.
8. The wounds, which I-have-received, are-considered very-severe.
9. The farmer has-sold the tree, which he-cut-down yesterday with-his-axe.
10. We-have-been-appeased by-the-gifts, which you-have-sent to us.

EXERCISE III.

The Relative in the Accusative.

A.

1. Lŭp-us, -i : mordeo, mŏmordi, 2 : ŏvis, f. : qui : past-or, -ōris : tondeo, 2.
2. Dŏm-us, -ūs, f. : qui : vĭdeo, 2 : aedĭfĭco, 1 : a : Jūlius : fīlius : meus : ămīc-us, -i, m. : Balbus.
3. Viāt-or, -ōris, m. : qui : latr-o, -ōnis : sĕquor, dep., 3 : per : silv-a, -ae : vŏcor, 1 : Marcus.
4. Caesar : com-mitto, -mīsi, 3 : class-is, -is, f. : qui : com-păro, 1 : lēgāt-us, -i.
5. Ămīc-us, -i, m. : qui : ămo, 1 : sum : fĭdĕl-is, -e.
6. Ĕgo : qui : laudo, 1 : sum : fīlius : Caius.
7. Flūm-en, -ĭnis, n. : qui : mīl-es, -ĭtis : trans-eo, -ii, anom., 4 : sum : alt-us, -a, -um : et : lāt-us, -a, -um.
8. Vuln-us, -ĕris, n. : qui : ac-cĭpio, -cēpi, 3 : hăbeor, 2 : grăv-is, -e.
9. Agrĭcŏl-a, -ae : ven-do, -dĭdi, 3 : arb-or, -ŏris, f. : qui : suc-cīdo, -cīdi, 3 : hĕri : sĕcūr-is, -is.
10. Plăco, 1 : dōn-um, -i, n. : qui : mitto, mīsi, 3 : ad : ĕgo.

EXERCISE III.—*continued.*

B.

11. The slaves, having-been-tortured with-the-greatest cruelty, will-be-put-to-death by their-savage master.
12. This war has-been-finished by us, who are the consuls of-the-Roman people.
13. Caesar was-not able to-set-out without the cavalry.
14. Let-the-shepherd's dog bite the robber's legs.
15. Let-the-priest sacrifice the bull, which he-has-led to the altar.
16. Some wish to-see the temples, which are sacred to-the-gods, others the trees, which grow in the king's garden.
17. The ships, which we-saw yesterday, will-depart from the harbour to-morrow.
18. The ambassadors, whom the king has-sent, will-ask-for peace.
19. Praise the valour of-the-knights, O-Brutus and Cassius.
20. The corn, which Caesar had-demanded, had-not-yet been-brought into the city.

EXERCISE III.—*continued*.

B.

11. Serv-us, -*i*, m. : excrŭcio, 1 : **magn-us**, -*a*, -*um* : **crūdēlĭt-as**, -*ātis*, f. : nĕco, 1 : a : saev-us, -*a*, -*um* : **dŏmĭnus, m.**
12. **Hic** : **bellum, n.** : con-fĭcio, -*fēci*, -*fectum*, 3 : a : ĕgo : qui : sum : **cons-ul**, -*ŭlis* : Rōmān-us, -*a*, -*um* : **Pŏpŭ-lus**, -*i*, m.
13. **Caesar** : non : possum, *pŏtui*, *anom.* : prŏfĭciscor, *dep.*, 3 : sĭne : ĕquĭtāt-us, -*ūs*.
14. **Căn-is**, -*is* : **past-or**, -*ōris* : mordeo, 2 : **crus** : **latr-o**, -*ōnis*.
15. **Săcerd-os**, -*ōtis* : immŏlo, 1 : **taur-us**, -*i*, m. : qui : dūco, *duxi*, 3 : ad : **ār-a**, -*ae*.
16. **Ălius** : vŏlo, *anom.* : vĭdeo, 2 : **templ-um**, -*i*, n. : qui : sum : **să-cer**, -*cra*, -*crum* : **Deus** : ălius : **arb-or**, -*ŏris*, f. : qui : cresco, 3 : in : hort-us, -*i* : **rex**, *rēgis*.
17. **Nāv-is**, -*is*, f. : qui : vĭdeo, *vīdi*, 2 : hĕri : discēdo, 3 : e : **port-us**, -*ūs* : cras.
18. **Lēgāt-us**, -*i*, m. : qui : **rex**, *rēgis* : mitto, *mīsi*, 3 : pĕto, 3 : **pax**, *pācis*.
19. Laudo, 1 : **virt-ūs**, -*ūtis* : **ĕqu-es**, -*ĭtis* : **Brutus** : et : **Cassius**.
20. **Frūment-um**, -*i*, n. : qui : **Caesar** : postŭlo, 1 : nondum : ad-dūco, -*duxi*, -*ductum*, 3 : in : **urbs**, *urbis*.

EXERCISE IV.

The Relative in the Genitive, Dative, and Ablative.

A.

1. The spear, with-which the hunter killed the wild-boar, has-been-left in the wood.
2. The girl, to-whom I-gave the needles, is-dead.
3. Balbus, whose friend is-called Caius, has-built many walls.
4. The women, to-whom the slave told these-things, seem to-be mad.
5. We-are-teaching the boys, whose fathers are very-rich.
6. The city, from which the soldiers fled, has-been-taken by the enemy.
7. We-have-deceived the friends, by whom we-are-loved.
8. Labienus, to-whom Caesar has-intrusted three legions, wishes to-attack the enemy without delay.
9. The youths will-marry these maidens, whose mothers are-considered very-beautiful.
10. I have-read the book, about which we-spoke yesterday.

EXERCISE IV.

The Relative in the Genitive, Dative, and Ablative.

A.

1. Hast-a, -ae, f. : qui : vēnāt-or, -ōris : oc-cīdo, -cīdi, 3 : ăper, apri : rĕ-linquo, -līqui, -lictum, 3 : in : silv-a, -ae.
2. Puell-a, -ae, f. : qui : do, dĕdi, 1 : ăc-us, -ūs : mŏrior, mortuus sum, dep., 3.
3. Balbus, m. : qui : ămīc-us, -i : vŏcor, 1 : Caius : aedĭfĭco, 1 : mult-us, -a, -um : mūr-us, -i, m.
4. Mŭli-er, -ĕris, f. : qui : serv-us, -i : dīco, dixi, 3 : hic : vĭdeor, 2 : sum : insān-us, -a, -um.
5. Dŏceo, 2 : puer, m. : qui : păter, m. : sum : dīv-es, -ĭtis, adj.
6. Urbs, urbis, f. : ex : qui : mīl-es, -ĭtis : fŭgio, fūgi, 3 : căpio, cēpi, captum, 3 : ab : host-is, -is.
7. Fallo, fĕfelli, 3 : ămīc-us, -i, m. : a : qui : ămo, 1.
8. Labiēnus, m. : qui : Caesar : com-mitto, -mīsi, 3 : tres : lĕgi-o, -ōnis, f. : vŏlo, anom. : aggrĕdior, dep., 3 : host-is, -is : sĭne : mŏr-a, -ae.
9. Jŭvĕn-is, -is : dūco, 3 : hic : virgo, f. : qui : mā-ter, -tris, f. : hăbeor, 2 : pul-cher, -chra, -chrum.
10. Lĕgo, lēgi, 3 : lĭ-ber, -bri, m. : de : qui : lŏquor, lŏcūtus sum, dep., 3 : hĕri

EXERCISE IV.—*continued.*

B.

11. **The farmer** killed the snake with-a-stick, **which he-was-carrying** in-his-hand.
12. **The** crows have-built their-nests **in** these elms.
13. **Caesar,** having-been-wounded **severely by the conspirators,** died in **the Senate-house.**
14. **The consuls, whose** wives remained in the city, **have-been-sent under the yoke with their-army.**
15. **Let-the-girls laugh and** sing.
16. **The** general, having-exhorted his-soldiers, would-have-sat-down.
17. **We, who** have many ships, have-often crossed the stormy sea.
18. **Caesar left** in the camp all the corn, which the Aedui had-brought.
19. **The slaves, by whom the** thieves were-caught, will-receive a reward.
20. **These** trees, which you-see, **are-called beeches.**

EXERCISE IV.—*continued.*

B.

11. Agrĭcŏl-a, *-ae* : oc-cīdo, *-cīdi*, 3 : angu-is, *-is* : fust-is, *-is*, m. : qui : gĕro, 3 : măn-us, *-ūs*.
12. Corn-ix, *-īcis* : făcio, *fēci*, 3 : nīd-us, *-i* : in : hic : ulm-us, *-i*, f.
13. Caesar, m. : vulnĕro, 1 : grăvĭter : a : conjūrāt-i, *-ōrum*, *plu.* : mŏrior, *mortuus sum, dep.*, 3 : in : Cūri-a, *-ae*.
14. Cons-ul, *-ŭlis*, m. : qui : ux-or, *-ōris* : măneo, *mansi*, 2 : in : urbs, *urbis* : mitto, *mīsi, missum*, 3 : sub : jŭg-um, *-i* : cum : exercĭt-us, *-ūs*.
15. Puell-a, *-ae* : rīdeo, 2 : et : canto, 1.
16. Dux, *dŭcis*, m. : cŏhortor, *dep.*, 1 : mīl-es, *-ĭtis* : con-sīdo, *-sēdi*, 3.
17. Ĕgo : qui : hăbeo, 2 : mult-us, *-a, -um* : nāv-is, *-is*, f. : saepe : trans-eo, *-ii, anom.*, 4 : prŏcellōs-us, *-a, -um* : măre, n.
18. Caesar : rĕ-linquo, *-līqui*, 3 : in : castr-a, *-ōrum, plu.* : omn-is, *-e* : frūment-um, *-i*, n. : qui : Aedui, *plu.* : ad-dūco, *-duxi*, 3.
19. Serv-us, *-i*, m. : a : qui : fūr, *fūris*, c. : căpio, *cēpi, captum*, 3 : accĭpio, 3 : praemi-um, *-i*.
20. Hic :. arb-or, *-ŏris*, f. : qui : vĭdeo, 2 : vŏcor, 1 : fāg-us, *-i*.

EXERCISE V.

The Ablative of the Thing Compared.

A.

1. Many stars are-said to-be larger than the earth.
2. The mothers are wiser than their-daughters.
3. These girls are more-handsome than Pompey's sisters.
4. We-have-seen the soldiers, who are braver than lions.
5. The moon is-said by philosophers to-be smaller than the sun.
6. I-have-never seen an old-man wiser than you.
7. Nothing is more-precious than virtue and wisdom.
8. Brutus was bolder than Cassius.
9. Caesar was-considered a more-skilful general than Crassus.
10. These dogs are more-sagacious than those horses.

EXERCISE V.

The Ablative of the Thing Compared.

A.

1. Mult-us, -*a*, -*um* : stell-a, -*ae*, f. : dīcor, 3 : sum : magn-us, -*a*, -*um* : terr-a, -*ae*.
2. Mā-ter, -*tris*, f. : sum : săpi-ens, -*entis*, *adj.* : fīli-a, -*ae*.
3. Hic : puell-a, -*ae*, f. : sum : formōs-us, -*a*, -*um* : sŏr-or, -*ōris* : Pompēi-us, -*i*.
4. Vĭdeo, vīdi, 2 : mīl-es, -*ĭtis*, m. : qui : sum : fort-is, -*e* : leo.
5. Lūn-a, -*ae*, f. : dīcor, 3 : a : phĭlŏsŏph-us, -*i* : sum : parv-us, -*a*, -*um* : sol, *sōlis*.
6. Nunquam : vĭdeo, *vīdi*, 2 : sĕn-ex, -*is*, m. : săpi-ens, -*entis*, *adj.* : tu.
7. Nĭhil, *indecl.* n. : sum : prĕtiōs-us, -*a*, -*um* : virt-ūs, -*ūtis* : et : săpienti-a, -*ae*.
8. Brutus, m. : sum : aud-ax, -*ācis*, *adj.* : Cassius.
9. Caesar : hăbeor, 2 : pĕrīt-us, -*a*, -*um* : dux, *dŭcis*, m. : Crassus.
10. Hic : căn-is, -*is*, c. : sum : săg-ax, -*ācis*, *adj.* : ille : ĕqu-us, -*i*, m.

EXERCISE V.—*continued.*

B.

11. Bad-men hate to-sin from-fear of-punishment, not from-love of-virtue.

12. The palace of-Cleopatra is higher than the house of-Antonius.

13. The black cat, whose kittens we-have-drowned, has-stolen the fish.

14. The Gauls, thoroughly-alarmed by-the-approach of-Caesar, sent ambassadors to him about peace.

15. Nothing is sweeter than honey, or more-bitter than gall.

16. Lead your-forces across the Alps into Italy, O-Hannibal.

17. Let-the-knights, by whom the fields are-being-laid-waste, encamp by the river.

18. For they-will-not be-able to-go-over without the infantry.

19. All-men love slaves, who are faithful.

20. The boy, to-whom the farmer was-giving the apples, will-become a wiser citizen than you.

EXERCISE V.—*continued.*

B.

11. Măl-us, *-a, -um* : ōdi, *defect.* : pecco, 1 : tĭm-or, *-ōris* : poen-a, *-ae* : non : ămor : virt-ūs, *-ūtis*.
12. Rēgi-a, *-ae*, f. : Cleŏpātr-a, *-ae* : sum : alt-us, *-a, -um* : dŏm-us, *-ūs* : Antōnius.
13. Nĭger : fēl-es, *-is*, f. : qui : cătŭl-us, *-i* : mergo, *mersi*, 3 : sur-rĭpio, *-rĭpui*, 3 : pisc-is, *-is*.
14. Galli, *plu.* m. : perterreo, 2 ; advent-us, *-ūs* : Caes-ar, *-ăris* : mitto, *mīsi*, 3 : lēgāt-us, *-i* : ad : is : de : pax, *păcis*.
15. Nĭhil, *indecl.* n. : sum : dulc-is, *-e* : mel, *mellis* : aut : ăcerb-us, *-a, -um* : fel, *fellis*.
16. Dūco, 3 : cōpi-ae, *-ārum, plu.* : trans : Alp-es, *-ium, plu.* : in : Ităli-a, *-ae* : Hannĭb-al, *-ălis*.
17. Ĕqu-es, *-ĭtis*, m. : a : qui : ăger, *agri* : vasto, 1 : consīdo, 3 : ad : flŭvi-us, *-i*.
18. Ĕnim : non : possum, *anom.* : transeo, *anom.*, 4 : sĭne : pĕdĭtāt-us, *-ūs*.
19. Omn-is, *-e* : ămo, 1 : serv-us, *-i*, m. : qui : sum : fĭdēl-is, *-e*.
20. Puer, m. : *qui* : agrĭcŏl-a, *-ae* : do, 1 : māl-um, *-i* ; fīo, *anom.* : săpi-ens, *-entis, adj.* : cīv-is, *-is*, c. : tu.

EXERCISE VI.

Motion to and from a Town.[1]

A.

1. Regulus would-have-returned from-Carthage to-Rome.
2. The elephants were-brought from-Tarentum to-Capua.
3. The merchants will-sail from-Rhodes to-Cyprus.
4. We were-going into-the-country, but you were-returning home.
5. The tyrant, having-been-expelled from-Syracuse, set-out for-Messina.
6. A messenger has-been-sent from-Genabum to-Gergovia.
7. The citizens are-returning to the city from-the-country.
8. We-are-going with our-friends to-Mantua.
9. The farmer's wife was-unwilling to-go-away from-home.
10. Hannibal would-have-led his-forces from-Cumae to-Baiae.

---

[1] *N.B.*—Domus, *home*, rus, *the country*, and names of small Islands, follow the same Rule as names of Towns.

EXERCISE VI.

Motion to and from a Town.

A.

1. Rĕgŭlus: rĕd-eo, -ii, anom., 4: Carthāg-o, -ĭnis: Rōm-a, -ae.
2. Ĕlĕphant-us, -i, m.: ad-dūco, -duxi, -ductum, 3: Tărent-um, -i: Căpu-a, -ae.
3. Mercāt-or, -ōris: nāvĭgo, 1: Rhŏd-us, -i: Cypr-us, -i.
4. Ĕgo: eo, anom., 4: rus, rūris: sed: tu: rĕdeo, anom., 4: dŏm-us, -ūs.
5. Tў̆rann-us, -i, m.: ex-pello, -pŭli, -pulsum, 3: Sў̆rācūs-ae, -ārum, plu.: prŏ-fĭciscor, -fectus sum, dep., 3; Messān-a, -ae.
6. Nunti-us, -i, m.: mitto, mīsi, missum, 3: Genăb-um, -i: Gergŏvi-a, -ae.
7. Cīv-is, -is: rĕdeo, anom., 4: in: urbs, urbis: rus, rūris.
8. Eo, anom., 4: cum: ămīc-us, -i: Mantu-a, -ae.
9. Ux-or, -ōris: agrĭcŏl-a, -ae: nōlo, anom.: exeo, anom., 4: dŏm-us, -ūs.
10. Hannĭbal: dūco, duxi, 3: cōpi-ae, -ārum, plu.: Cūm-ae, -ārum, plu.: Bai-ae, -ārum, plu.

EXERCISE VI.—*continued.*

B.

11. The general has-pitched his-camp before the town, which he-will-endeavour to-take-by-storm to-morrow.

12. "Let-us-leap-down into the water," cried the sailor, "and swim-across the harbour."

13. Read the letters and books of-Cicero, O-boys.

14. Exhort the allies, O-Brutus, and praise the knights.

15. The merchant, who was-not able to-pay the money, has-been-cast into prison.

16. Darius, king of-the-Persians, has-made a bridge over the river Danube.

17. Cicero, having-set-out from-Rome, fled to Greece.

18. Demaratus is-said to-have-fled from-Corinth.

19. Miltiades has-led-out his-forces from-Athens.

20. The conspirators, by whom Caesar was-slain, fled from the city to-Philippi.

EXERCISE VI.—*continued*.

B.

11. Dux, *dŭcis* : pōno, *pŏsui*, 3 : castr-a, *-ōrum, plu.* : ante : oppĭd-um, *-i*, n. : qui : cōnor, *dep.*, 1 : expugno, 1 : cras.
12. Dēsĭlio, 4 : in : ăqu-a, *-ae* : exclāmo, 1 : naut-a, *-ae* : et : trāno, 1 : port-us, *-ūs*.
13. Lĕgo, 3 : ĕpistŏl-a, *-ae* : et : lĭ-ber, *-bri* : Cĭcĕr-o, *-ōnis* : puer.
14. Exhortor, *dep.*, 1 : sŏci-us, *-i* : Brutus : et : laudo, 1 : ĕqu-es, *-ĭtis*.
15. Mercāt-or, *-ōris*, m. : qui : non : possum, *pŏtui, anom.* : solvo, 3 : pĕcūni-a, *-ae* : con-jĭcio, *-jēci, -jectum*, 3 : in : carc-er, *-ĕris*.
16. Dārīus : rex, *rēgis* : Pers-ae, *-ārum, plu.* : făcio, *fēci*, 3 : pons, *pontis* : in : flūm-en, *-ĭnis* : Is-ter, *-tri*.
17. Cĭcĕro, m. : prŏ-fĭciscor, *-fectus sum, dep.*, 3 : Rōm-a, *-ae* : fŭgio, *fūgi*, 3 : in : Graeci-a, *-ae*.
18. Dēmărātus : dīcor, 3 : fŭgio, *fūgi*, 3 : Cŏrinth-us, *-i*.
19. Miltiădes : ē-dūco, *-duxi*, 3 : cōpi-ae, *-ārum, plu.* : Ăthēn-ae, *-ārum, plu.*
20. Conjūrāt-i, *-ōrum, plu.*, m. : a : qui : Caesar, m. : inter-fĭcio, *-fēci, -fectum*, 3 : fŭgio, *fūgi*, 3 : ex : urbs, *urbis* : Phĭlipp-i, *-ōrum, plu.*

EXERCISE VII.

The Locative.[1]

A.

1. They-have-lived for-a-long-time at-Byzantium.
2. We-should-have-remained at-Cortona.
3. My-brother and I were-living at-Thebes.
4. Caesar's army halted at-Puteoli.
5. Some have-tarried at-Cadiz, others at-Athens.
6. You have-preferred to-remain at-home, but my valour is-known at-the-wars.
7. You, who pass your-life in-the-country, have-sent these chickens to me, who prefer to-live at-Miletus.
8. I-shall-leave my-wife and children either at-Rhodes or at-Cyprus.
9. Alexander died at-Babylon.
10. Cyrus was-killed with-a-javelin at-Cunaxa.

---

[1] N.B.—Domi, *at home;* humi, *on the ground;* ruri, *in the country;* vesperi, *in the evening;* belli and militiae, *at-the-wars.*

EXERCISE VII.

The Locative.

A.

1. Hăbĭto, 1 : diu : Byzanti-um, -*i*.
2. Măneo, *mansi*, 2 : Cortōn-a, -*ae*.
3. Frā-ter, -*tris* : et : ĕgo : hăbĭto, 1 : Thēb-ae, -*ārum*, *plu.*
4. Exercĭt-us, -*ūs* : Caes-ar, -*āris* : con-sisto, -*stĭti*, 3 : Pŭteŏl-i, -*ōrum*, *plu.*
5. Ălius : mŏror, *dep.*, 1 : Gād-es, -*ium, plu.* : ălius : Ăthēn-ae, -*ārum, plu.*
6. Tu : mālo, *mālui*, *anom.* : măneo, 2 : dŏm-us, -*ūs* : sed : meus : virt-ūs, -*ūtis*, f. : cognosco, 3 : mīlĭti-a, -*ae*.
7. Tu : qui : ăgo, 3 : vīt-a, -*ae* : rus, *rūris* : mitto, *mīsi*, 3 : hic : pull-us, -*i*, m. : ad : ĕgo : qui : mālo, *anom.* : hăbĭto, 1 : Mīlēt-us, -*i*.
8. Rĕlinquo, 3 : ux-or, -*ōris* : et : lībĕr-i, -*ōrum, plu.* : aut : Rhŏd-us, -*i* : aut : Cypr-us, -*i*.
9. Ălexander, m. : mŏrior, *mortuus sum, dep.*, 3 : Băbўl-on, -*ōnis*.
10. Cȳrus, m. : inter-fĭcio, -*fēci*, -*fectum*, 3 : jăcŭl-um, -*i* : Cunax-a, -*ae*.

EXERCISE VII.—*continued.*

B.

11. The general, whose sword we-have-seen, was more-skilful than Pompey.

12. We-were-not able to-live at-Cumae.

13. This girl, who is the sister of-my friend Marcus, was-plucking roses in your garden.

14. The nightingales sing in this wood in-the-evening.

15. The bears, which have-come-down from the mountains, are-running through the village.

16. Achilles is-said to-have-killed Hector, the **son** of-Priam.

17. Let-Tityrus sleep on-the-ground beneath the spreading beech.

18. Let-the-soldiers halt either at-Mantua or at-Andes.

19. Regulus, who was-unwilling to-remain at-Rome, returned to-Carthage.

20. This river is more-rapid than the Rhone.

EXERCISE VII.—*continued.*

B.

11. Dux, *dŭcis*, m. : qui : glădi-us, *-i* : vĭdeo, *vīdi*, 2 : sum : pĕrīt-us, *-a, -um* : Pompēi-us, *-i.*
12. Non : possum, *anom.* : hăbĭto, 1 : Cūm-ae, *-ārum, plu.*
13. Hic : puell-a, *-ae*, f. : qui : sum : sŏr-or, *-ōris* : meus : ămīc-us, *-i*, m. : Marcus : carpo, 3 : rŏs-a, *-ae* : in : tuus : hort-us, *-i*, m.
14. Luscīni-a, *-ae* : canto, 1 : in : hic : silv-a, *-ae* : vesper, *-ĕri*, and *-ĕris.*
15. Urs-us, *-i*, m. : qui : de-scendo, *-scendi*, 3 : de : mons, *montis* : curro, 3 : per : vīc-us, *-i.*
16. Achilles : dīcor, 3 : inter-fĭcio, *-fēci*, 3 : Hect-or, *-ŏris* : filius : Priămus.
17. Tĭtȳrus : dormio, 4 : hŭm-us, *-i* : sub : pătŭl-us, *-a, -um* : fāg-us, *-i*, f.
18. Mīl-es, *-ĭtis* : consisto, 3 : aut : Mantu-a, *-ae* : aut : And-es, *-is.*
19. Regŭlus, m. : qui : nōlo, *anom.* : măneo, 2 : Rōm-a, *-ae* : rĕd-eo, *-ii, anom.*, 4 : Carthāg-o, *-ĭnis.*
20. Hic : flūm-en, *-ĭnis*, n. : sum : răpĭd-us, *-a, -um* : Rhŏdăn-us, *-i.*

EXERCISE VIII.

The Ablative of Time.

A.

1. In-spring the swallows will-return to Britain.
2. In-summer roses and lilies bloom in our garden.
3. In-autumn the winds shake the trees.
4. We-will-not fight in-winter, O-soldiers.
5. The consul will-set-out on-the-ninth day.
6. The war was-finished in-the-third month.
7. The general marched from-Athens to-Thebes in-four days.
8. The old-man and his-daughter died on-the-same day.
9. Socrates lived many years before Christ.
10. Troy was-taken by the Greeks in-the-tenth year.

EXERCISE VIII.

The Ablative of Time.

A.

1. Ver, *vĕris* : hĭrund-o, *-ĭnis* : rĕdeo, *anom.*, 4 : in : Brĭtanni-a, *-ae*.
2. Aest-as, *-ātis* : rŏs-a, *-ae* : et : līli-um, *-i* : flōreo, 2 : in : noster : hort-us, *-i*, m.
3. Auctumn-us, *-i* : vent-us, *-i* : quătio, 3 : arb-or, *-ŏris*.
4. Non : pugno, 1 : hi-ems, *-ĕmis* : mīl-es, *-ĭtis*.
5. Cons-ul, *-ŭlis* : prŏfĭciscor, *dep.*, 3 : nōn-us, *-a*, *-um* : dies, m.¹
6. Bellum, n. : con-fĭcio, *-fēci, -fectum*, 3 : terti-us, *-a*, *-um* : mens-is, *-is*, m.
7. Dux, *dŭcis* : ĭter făcio, *fēci*, 3 : Ăthēn-ae, *-ārum*, *plu.* : Thēb-ae, *-ārum, plu.* : quătuor : dies, m.
8. Sĕnex, m. : et : fīli-a, *-ae*, f. : mŏrior, *mortuus sum, dep.*, 3 : īdem : dies, m.
9. Sōcrătes : vīvo, *vixi*, 3 : mult-us, *-a*, *-um* : ann-us, *-i*, m. : ante : Christ-us, *-i*.
10. Trōja, f. : căpio, *cēpi, captum*, 3 : a : Graeci, *plu.* : dĕcĭm-us, *-a*, *-um* : ann-us, *-i*, m.

¹ *Dies* is sometimes feminine in sing.

EXERCISE VIII.—*continued.*

B.

11. The enemy made frequent sallies from the town, which our army was-besieging.
12. The Gauls, alarmed by-the-strange and unusual appearance of-the-tower, which the Romans had-made, sent ambassadors to Caesar about peace.
13. Virgil, the celebrated poet, who was-born at-Andes, died at-Brindisi.
14. The city will-be-taken in-three-days by-the-valour of-our soldiers.
15. The lieutenant, exhausted by-many wounds, died at-Lutetia.
16. The praetor, whom Cicero accused, oppressed the inhabitants of-this island, which is-called Sicily, in-many ways.
17. Cicero wrote a book about old-age, which will-be-read by many boys.
18. On-the-twentieth day a great fire broke-out at-Marseilles.
19. Three legions were-marching from-Tarentum to-Capua.
20. The poet, whose head you-have-surrounded with-a-laurel wreath, was-born at-Naples.

EXERCISE VIII.—*continued.*

B.

11. Host-is, *-is* : făcio, *fēci*, 3 : crē-ber, *-bra*, *-brum* : excursi-o, *-ōnis*, f. : ex : oppĭd-um, *-i*, n. : qui : noster : exercĭt-us, *-ūs*, m. : obsĭdeo, 2.
12. Galli, *plu.*, m. : com-mŏveo, *-mōvi*, *-mōtum*, 2 : nŏv-us, *-a*, *-um* : et : ĭnŭsĭtāt-us, *-a*, *-um* : spĕci-es, *-ēi*, f. : turr-is, *-is*, f. : qui : Rōmāni, *plu.* : con-struo, *-struxi*, 3 : mitto, *mīsi*, 3 : lēgāt-us, *-i* : ad : Caes-ar, *-ăris* : de : pax, *pācis*.
13. Virgilius : illustr-is, *-e* : poēt-a, *-ae*, m. : qui : nascor, *nātus sum*, *dep.*, 3 : And-es, *-is* : mŏrior, *mortuus sum*, *dep.*, 3 : Brundŭsi-um, *-i*.
14. Urbs, *urbis* : căpio, 3 : trīdu-um, *-i* : virt-ūs, *-ūtis* : nos-ter : mīl-es, *-ĭtis*, m.
15. Lēgāt-us, *-i*, m. : con-fĭcio, *-fēci*, *-fectum*, 3 : mult-us, *-a*, *-um* : vuln-us, *-ĕris*, n. : mŏrior, *mortuus sum*, *dep.*, 3 : Luteti-a, *-ae*.
16. Praet-or, *-ōris*, m. : qui : Cĭcĕro : accūso, 1 : op-prĭmo, *-pressi*, 3 : incŏl-a, *-ae* : hic : insŭl-a, *-ae*, f. : qui : vŏcor, 1 : Sĭcĭli-a, *-ae* : mult-us, *-a*, *-um* : mŏd-us, *-i*, m.
17. Cĭcĕro : scrībo, *scripsi*, 3 : lĭ-ber, *-bri*, m. : de : sĕnect-ūs, *-ūtis* : qui : lĕgo, 3 : a : mult-us, *-a*, *-um* : puer, m.
18. Vīcēsĭm-us, *-a*, *-um* : dies, m. : magn-us, *-a*, *-um* : ign-is, *-is*, m. : exŏrior, *-ortus sum*, *dep.*, 4 : Massĭli-a, *-ae*.
19. Tres : lĕgi-o, *-ōnis*, f. : ĭter făcio, 3 : Tărent-um, *-i* : Căpu-a, *-ae*.
20. Poēt-a, *-ae*, m. : qui : căput : cingo, *cinxi*, 3 : laure-us, *-a*, *-um* : cŏrōn-a, *-ae*, f. : nascor, *nātus sum*, *dep.*, 3 : Neāpŏl-is, *-is*.

EXERCISE IX.

Duration of Time and Measure of Space.

A.

1. Troy, which was-besieged by the Greeks for-ten years, was-taken at-length by-treachery.

2. This tower is seventy feet high.

3. The army, having-advanced fifteen miles [1] in-one day, encamped outside the city.

4. The father of-these girls lived for-thirty years at-Gabii.

5. The walls of-that town are-said to-have-been forty feet high.

6. London is-distant about four-hundred miles from Edinburgh, the capital of-Scotland.

7. We-remained at-Baiae for-the-space-of-two-years.

8. Many bears have-slept in these caves the whole winter.

9. The soldiers have-already fought for-six hours.

10. The old-man, who has-walked seven miles to-day, has-lived for-many years both at-Syracuse and at-Carthage.

[1] N.B.—Mille passūs, *one mile*, but duo millia passuum, *two miles*.

EXERCISE IX.

Duration of Time and Measure of Space.

A.

1. Trōja, f. : qui : ob-sĭdeo, -sēdi, -*sessum*, 2 : a : Graeci, *plu.* : dĕcem : ann-us, -*i*, m. : căpio, *cēpi, captum*, 3 : tandem : dŏl-us, -*i*.

2. Hic : turr-is, -*is*, f. : sum : septuāginta : pes, m. : alt-us, -*a*, -*um*.

3. Exercĭt-us, -*ūs*, m. : prō-grĕdior, -*gressus sum, dep.*, 3 : quindĕcim : mille passūs : ūnus : dies, m. : con-sīdo, -*sēdi*, 3 : extra : urbs, *urbis*.

4. Păter : hic : puell-a, -*ae*, f. : hăbĭto, 1 : trīginta : ann-us, -*i*, m. : Găbi-i, -*ōrum, plu.*

5. Mūr-us, -*i*, m. : ille : oppĭd-um, -*i*, n. : dīcor, 3 : sum : quadrāginta : pes, m. : alt-us, -*a*, -*um*.

6. Londīni-um, -*i* : disto, 1 : circĭter : quadringent-i, -*ae*, -*a* : mille passūs : ab : Edīn-a, -*ae* : căput : Scoti-a, -*ae*.

7. Măneo, *mansi*, 2 : Bai-ae, -*ārum, plu.* : bienni-um, -*i*.

8. Mult-us, -*a*, -*um* : urs-us, -*i*, m. : dormio, 4 : in : hic : antr-um, -*i*, n. : tōt-us, -*a*, -*um* : hi-ems, -*ĕmis*, f.

9. Mīl-es, -*ĭtis* : jam : pugno, 1 : sex : hōr-a, -*ae*, f.

10. Sĕnex, m. : qui : ambŭlo, 1 : septem : mille passūs : hŏdiē : hăbĭto, 1 : mult-us, -*a*, -*um* : ann-us, -*i*, m. : et : Sўrācūs-ae, -*ārum, plu.* : et : Carthăg-o, -*ĭnis*.

EXERCISE IX.—*continued*.

B.

11. Britain is-distant about twenty miles from Gaul.
12. In-winter farmers plough the fields.
13. The soldiers, who were-wintering around Aquileia, have-been-led across the Alps by Labienus, Caesar's lieutenant.
14. My father is six feet tall.
15. Let-boys cultivate virtue, which is more-precious than wealth.
16. The ploughmen were-resting on-the-ground beneath the shade of-the-spreading oak.
17. The maidens, who were-returning home from-Rome, were-murdered by cruel robbers in the dark wood.
18. Cyrus, who has-raised a large army at-Sardis, will-start for-Babylon at-daybreak.
19. The king, who shut the gate with-his-own hand, was-frightened by-the-shouts of-the-citizens.
20. Verres, who was-accused by Cicero, lived for-many years in Sicily.

EXERCISE IX.—*continued.*

B.

11. Brĭtannia : disto, 1 : circĭter : vīgĭnti : mille passūs : a : Galli-a, *-ae.*
12. Hi-ems, *-ĕmis* : agrĭcŏl-a, *-ae* : ăro, 1 : ăger, *agri.*
13. Mīl-es, *-ĭtis*, m. : qui : hiĕmo, 1 : circum : Ăquĭlēi-a, *-ae* : dūco, *duxi, ductum,* 3 : trans : Alp-es, *-ium, plu.* : a : Labiēn-us, *-i* : lēgāt-us, *-i* : Caes-ar, *-ăris.*
14. Meus : păter, m. : sum : sex : pes, m. : alt-us, *-a, -um.*
15. Puer : cŏlo, 3 : virt-ūs, *-ūtis*, f. : qui : sum : prĕtiōs-us, *-a, -um* : dīvĭti-ae, *-ārum, plu.*
16. Ărāt-or, *-ōris* : quiesco, 3 : hŭm-us, *-i* : sub : umbr-a, *-ae* : pătŭl-us, *-a, -um* : querc-us, *-ūs,* f.
17. Virgo, f. : qui : rĕdeo, *anom.*, 4 : dŏm-us, *-ūs* : Rōm-a, *-ae* : inter-fĭcio, *-fēci, -fectum,* 3 : a : crūdēl-is, *-e* : latr-o, *-ōnis,* m. : in : ŏpāc-us, *-a, -um* : silv-a, *-ae,* f.
18. Cȳrus, m. : qui : compăro, 1 : magn-us, *-a, -um* : exer-cĭt-us, *-ūs,* m. : Sard-es, *-ium, plu.* : prŏfĭciscor, *dep.,* 3 : Băbȳl-on, *-ōnis* : prīma lux, *prīmae lūcis.*
19. Rex, *rēgis*, m. : qui : claudo, *clausi,* 3 : port-a, *-ae* : suus : măn-us, *-ūs,* f. : terreo, 2 : clām-or, *-ōris* : cīv-is, *-is.*
20. Verres, m. : qui : accūso, 1 : a : Cĭcĕr-o, *-ōnis* : hăbĭto, 1 : mult-us, *-a, -um* : ann-us, *-i,* m. : in : Sĭcĭli-a, *-ae.*

EXERCISE X.

Words governing the Ablative.

A.

1. The king got-possession-of the letter, either by-force or by-fraud.
2. Spiders and fish live-on flies and other insects.
3. The Germans were-using sharp swords and long spears.
4. The queen, relying-on the fidelity of-the-guards, will-enjoy rest.
5. The beggar was **content** with-bread and water.
6. Few-men are worthy of-very-great praise.
7. The Britons used-to-live-on **flesh**, cheese, [and] **milk**.
8. Let-the-consul **perform** his-duties faithfully.
9. Many women have-been endowed with-the-greatest courage.
10. These men, **who** have-conspired against the state, are unworthy of-life.

EXERCISE X.

Words governing the Ablative.

A.

1. Rex, *rēgis*, m. : pŏtior, *pŏtītus sum, dep.*, 4 : ĕpistŏl-a, *-ae* : aut : vis, *defect.* : aut : fraus, *fraudis*.
2. Ărāne-us, *-i* : et : pisc-is, *-is* : vescor, *dep.*, 3 : musc-a, *-ae* : et : ălius : insect-a, *-ōrum, plu.*, n.
3. Germāni, *plu.* : ūtor, *dep.*, 3 : ăcūt-us, *-a, -um* : glădi-us, *-i*, m. : et : long-us, *-a -um* : hast-a, *-ae*, f.
4. Rēgīn-a, *-ae*, f. : frēt-us, *-a, -um* : fĭdēlĭt-as, *-ātis* : cust-os, *-ōdis* : fruor, *dep.*, 3 : qui-es, *-ētis*.
5. Mendīc-us, *-i*, m. : sum : content-us, *-a, -um* : pān-is, *-is* : et : ăqu-a, *-ae*.
6. Pauc-i, *-ōrum, plu.*, m. : sum : dign-us, *-a, -um* : magn-us, *-a, -um* : laus, *laudis*, f.
7. Brĭtanni, *plu.* : vescor, *dep.*, 3 : căro, *carnis* : cāse-us, *-i* : lac, *lactis*.
8. Cons-ul, *-ŭlis* : fungor, *dep.*, 3 : offĭci-um, *-i* : fĭdēlĭter.
9. Mult-us, *-a, -um* : fēmĭn-a, *-ae*, f. : sum : praedĭt-us, *-a, -um* : magn-us, *-a, -um* : fortĭtūd-o, *-ĭnis*, f.
10. Hic : hŏm-o, *-ĭnis*, m. : qui : conjūro, 1 : contra : respublĭca, *rēipublĭcae* : sum : indign-us, *-a, -um* : vīt-a, *-ae*.

EXERCISE X.—*continued.*

B.

11. This charming valley was-resounding with-the-barking of-dogs.
12. The hunters have-surrounded these hills with-nets and snares.
13. The army would-have-advanced twenty miles to-day.
14. The girl has-lost the needles, which I-gave her.
15. The soldiers, relying-on their-swords, have-thrown-away their-spears.
16. The general broke-up his-camp at-daybreak.
17. On-the-next day, he-hastened from-Tarentum to-Naples.
18. Let-us-remain for-two-years at-Brindisi.
19. Horace used-to-live at-Rome in-the-winter, and at-Tibur in-the-summer.
20. Ovid, having-embraced his-wife and friends, set-out for-Tomi.

EXERCISE X.—*continued.*

B.

11. Hic : ămoen-us, -*a*, -*um* : vall-is, -*is*, f. : rĕsŏno, 1 : latrāt-us, -*ūs* : căn-is, -*is*.
12. Vēnāt-or, -*ōris* : cingo, *cinxi*, 3 : hic : coll-is, -*is*, m. : rēt-e, -*is* : et : lăque-us, -*i*.
13. Exercĭt-us, -*ūs*, m. : prō-grĕdior, -*gressus sum*, *dep.*, 3 : vīginti : mille passūs : hŏdiē.
14. Puell-a, -*ae* : ā-mitto, -*mīsi*, 3 : ăc-us, -*ūs*, f. : qui : do, dĕdi, 1 : is.
15. Mīl-es, -*ĭtis*, m. : frēt-us, -*a*, -*um* : glădi-us, -*i* : ab-jĭcio, -*jēci*, 3 : hast-a, -*ae*.
16. Dux, dŭcis : mŏveo, mōvi, 2 : castr-a, -*ōrum*, *plu.* : prīma lux, *prīmae lūcis*.
17. Postĕr-us, -*a*, -*um* : dies, m. : festīno, 1 : Tărent-um, -*i* : Neāpŏl-is, -*is*.
18. Măneo, 2 : bienni-um, -*i* : Brundŭsi-um, -*i*.
19. Hŏrātius : vīvo, 3 : Rōm-a, -*ae* : hi-ems, -*ĕmis* : et : Tĭb-ur, -*ŭris* : aest-as, -*ātis*.
20. Ovĭdius, m. : am-plector, -*plexus sum*, *dep.*, 3 : ux-or, -*ōris* : et : ămīc-us, -*i* : prŏ-fĭciscor, -*fectus sum*, *dep.*, 3 : Tŏm-i, -*ōrum*, *plu.*

EXERCISE XI.

The Ablative Absolute—The Perfect Participle Passive.

A.

1. The consul having-been-killed, the army returned home.
2. The war having-been-concluded, the soldiers will-enjoy repose.
3. The gates having-been-shut, the thieves were-arrested.
4. A wound having-been-received, Baculus retired from the battle.
5. The Persians having-been-defeated, Miltiades led-back his-forces to-Athens.
6. These things having-been-ascertained, Vercingetorix determined to-storm Gorgobina without delay.
7. The king having-been-driven-out, two consuls were-elected yearly.
8. An army having-been-raised, Caesar will-set-out for Gaul.
9. A shout having-been-raised, the barbarians made a sudden attack on the Roman knights.
10. The cat having-been-killed, the mice rejoice.

EXERCISE XI.

The Ablative Absolute—The Perfect Participle Passive.

A.

1. Cons-ul, *-ŭlis*, m. : inter-fĭcio, *-fēci*, *-fectum*, 3 : exercĭt-us, *-ūs* : rĕd-eo, *-ii*, *anom.*, 4 : dŏm-us, *-ūs*.
2. Bellum, n. : con-fĭcio, *-fēci*, *-fectum*, 3 : mīl-es, *-ĭtis*: fruor, *dep.*, 3 : ōti-um, *-i*.
3. Port-a, *-ae*, f. : claudo, *clausi, clausum*, 3 : fūr, *fūris*, c : com-prĕhendo, *-prĕhendi*, *-prĕhensum*, 3.
4. Vuln-us, *-ĕris*, n. : ac-cĭpio, *-cēpi*, *-ceptum*, 3 : Bacŭlus : rĕ-cēdo, *-cessi*, 3 : e : proeli-um, *-i*.
5. Pers-ae, *-ārum*, *plu.*, m. : dē-vinco, *-vīci*, *-victum*, 3 : Miltiădes : rĕ-dūco, *-duxi*, 3 : cōpi-ae, *-ārum*, *plu.* : Ăthēn-ae, *-ārum*, *plu.*
6. Hic : res, *rĕi*, f. : cogn-osco, *-ōvi*, *-ĭtum*, 3 : Vercingetŏrix : stăt-uo, *-ui*, 3 : oppugno, 1 : Gorgobin-a, *-ae* : sĭne : mŏr-a, *-ae*.
7. Rex, *rēgis*, m. : ex-ĭgo, *-ēgi*, *-actum*, 3 : duo : cons-ul, *-ŭlis*, m. : creo, 1 : quŏtannis.
8. Exercĭt-us, *-ūs*, m. : compăro, 1 : Caesar : prŏfĭciscor, *dep.* 3 : in : Galli-a, *-ae*.
9. Clām-or, *-ōris*, m. : tollo, *sustŭli, sublātum*, 3 : barbăr-i, *-ōrum*, *plu.* : făcio, *fēci*, 3 : sŭbĭt-us, *-a*, *-um* : impĕt-us, *-ūs*, m. : in : Rōmān-us, *-a*, *-um* : ĕqu-es, *-ĭtis*, m.
10. Fēl-es, *-is*, f. : oc-cīdo, *-cīdi*, *-cīsum*, 3 : mus, *mūris* : gaudeo, 2.

EXERCISE XI.—*continued.*

B.

11. **The** days are longer in-summer than in-winter.
12. The hunter will-shoot with-his-arrows the eagle, which he-saw in-the-morning.
13. Let-the-boys use **the** books, which they-have-bought.
14. **The** king, having-been-conquered by the enemy, fled **to-**Syracuse.
15. **The king** having-been-conquered, **the queen** will-weep.
16. **Xerxes, relying-on** his-immense army, despised the Greeks.
17. The letter having-been-written, the boy will-play.
18. Ambassadors having-been-sent to Caesar, the citizens opened the gates.
19. **Carthage** having-been-destroyed, **no** nation will-be-able to-conquer the Romans.
20. **This** river is two-hundred feet broad and thirty feet deep.

EXERCISE XI.—*continued.*

B.

11. Dies, m. : sum : long-us, *-a, -um* : aest-as, *-ātis* : quam : hi-ems, *-ĕmis*.
12. Vēnāt-or, *-ōris* : confīgo, 3 : săgitt-a, *-ae* : ăquĭl-a, *-ae*, f. : qui : vĭdeo, *vīdi*, 2 : māne, *indecl.*
13. Puer : ūtor, *dep.*, 3 : lĭ-ber, *-bri*, m. : qui : ĕmo, *ēmi*, 3.
14. Rex, *rēgis*, m. : vinco, *vīci, victum*, 3 : ab : host-is, *-is* : fŭgio, *fūgi*, 3 : Sўrācūs-ae, *-ārum*, *plu.*
15. Rex, *rēgis*, m. : vinco, *vīci, victum*, 3 : rēgīn-a, *-ae* : fleo, 2.
16. Xerxes, m : frēt-us, *-a, -um* : ingens : exercĭt-us, *-ūs*, m.: con-temno, *-tempsi*, 3 : Graeci, *plu.*
17. Ĕpistŏl-a, *-ae*, f. : scrībo, *scripsi, scriptum*, 3 : puer : lūdo, 3.
18. Lēgāt-us, *-i*, m. : mitto, *mīsi, missum*, 3 : ad : Caes-ar, *-ăris* : cīv-is, *-is* : pătĕ-făcio, *-fēci*, 3 : port-a, *-ae*.
19. Carthāg-o, *-ĭnis*, f. : dēl-eo, *-ēvi, -ētum*, 2 : null-us, *-a, -um* : gens, *gentis*, f. : possum, *anom.* : vinco, 3 : Rōmāni, *plu.*
20. Hic : flūm-en, *-ĭnis*, n. : sum : dŭcent-i, *-ae, -a* : pes, m. : lāt-us, *-a, -um* : et : trīginta : pes, m. : alt-us, *-a, -um*.

EXERCISE XII.

The Ablative Absolute—Other Participles.

A.

1. The corn failing, the citizens will-perish of-hunger.
2. Ovid being-about-to-depart, his-wife was-weeping.
3. Caesar [1] being-our-leader, the Gauls have-been-conquered.
4. The king having-exhorted the soldiers, the allies were-dismissed.
5. A great fire having-broken-out, this part of-the-town will-be-destroyed.
6. My-husband being-dead, I-have-set-out from-Rome.
7. In the reign of Augustus [say, Augustus reigning] many poets lived at-Rome.
8. The beggar having-followed the king, the dogs were-barking.
9. Winter being-about-to-come, the swallows will-depart to Africa.
10. The maiden died in the consulship of Crassus and Pompey [say, Crassus and Pompey [1] being-consuls].

[1] N.B.—As there is no Present Participle of the verb *sum*, the word *being* must be understood.

EXERCISE XII.

The Ablative Absolute—Other Participles.

A.

1. Frūment-um, *-i*, n. : dēfĭcio, 3 : cīv-is, *-is* : pĕreo, *anom.*, 4 : făm-es, *-is*.
2. Ovidius, m. : ăb-eo, *-ii*, *-ĭtum*, *anom.*, 4 : ux-or, *-ōris* : fleo, 2.
3. Caes-ar, *-ăris* : dux, *dŭcis* : Galli, *plu.* m. : vinco, *vīci*, *victum*, 3.
4. Rex, *rēgis*, m. : hortor, *dep.*, 1 : mīl-es, *-ĭtis* : sŏci-us, *-i*, m. : dī-mitto, *-mīsi*, *-missum*, 3.
5. Magn-us, *-a*, *-um* : ign-is, *-is*, m. : ex-ŏrior, *-ortus sum*, *dep.* 4 : hic : pars, *partis*, f. : oppĭd-um, *-i* : dēleo, 2.
6. Mărīt-us, *-i*, m. : mŏrior, *mortuus sum*, *dep.*, 3 : prŏ-fīciscor, *-fectus sum*, *dep.* 3 : Rōm-a, *-ae*.
7. Augustus, m. : impĕro, 1 : mult-us, *-a*, *-um* : poēt-a, *-ae*, m : hăbĭto, 1 : Rōm-a, *-ae*.
8. Mendīc-us, *-i*, m. : sĕquor, *sĕcūtus sum*, *dep.*, 3 : rex, *rēgis* : căn-is, *-is* : latro, 1.
9. Hi-ems, *-ĕmis*, f. : vĕnio, *vēni*, *ventum*, 4 : hĭrund-o, *-ĭnis* : migro, 1 : in : Afrĭc-a, *-ae*.
10. Virgo, f. : mŏrior, *mortuus sum*, *dep.*, 3 : Crassus : et : Pompēius : cons-ul, *-ŭlis*.

EXERCISE XII.—*continued.*

B.

11. The shepherd, by whom the wolf was-killed, is-called Marcus.
12. Let-them-remain at-Marseilles the whole winter.
13. The legions, which Caesar had-enrolled, were-wintering around Cremona.
14. Many speeches having-been-made, the old-man will-return from-Edinburgh to-London.
15. On the return of autumn [*say*, autumn returning], the branches of-these trees will-be-broken by-the-winds and storms.
16. The boy killed the bat with-the-stick, which he-was-carrying.
17. Let-us-go from-Marseilles to-Narbo.
18. Scatter seeds, O-farmers.
19. Swim, O-fish, in the lake, which is clearer than glass.
20. Troy having-been-taken, Agamemnon led-back his-companions to-Mycenae.

EXERCISE XII.—*continued.*

B.

11. Past-or, -*ōris*, m. : a : qui : lŭp-us, -*i*, m. : inter-fĭcio, -*fēci*, -*fectum*, 3 : vŏcor, 1 : Marcus.
12. Măneo, 2 : Massĭli-a, -*ae* : tōt-us, -*a*, -*um* : hi-ems, -*ĕmis*, f.
13. Lĕgi-o, -*ōnis*, f. : qui : Caesar : con-scrībo, -*scripsi*, 3 : hiĕmo, 1 : circum : Crĕmōn-a, -*ae*.
14. Mult-us, -*a*, -*um* : ōrāti-o, -*ōnis*, f. : hăbeo, 2 : sĕnex : rĕdeo, *anom.*, 4 : Edīn-a, -*ae* : Londīni-um, *i*.
15. Auctumn-us, -*i*, m. : rĕdeo, *anom.* 4 : rām-us, -*i* : hic : arb-or, -*ŏris*, f. : frango, 3 : vent-us, -*i* : et : prŏcell-a, -*ae*.
16. Puer : inter-fĭcio, -*fēci*, 3 : vespertīli-o, -*ōnis* : băcŭl-um, -*i*, n. : qui : gĕro, 3.
17. Eo, *anom.*, 4 : Massĭli-a, -*ae* : Narb-o, -*ōnis*.
18. Spargo, 3 : sēm-en, -*ĭnis* : agrĭcŏl-a, -*ae*.
19. Năto, 1 : pisc-is, -*is* : in : lăc-us, -*ūs*, m. : qui : sum : clār-us, -*a*, -*um* : vitr-um, -*i*.
20. Trōj-a, -*ae*, f. : căpio, cēpi, captum, 3 : Agamemnon : rĕdūco, -*duxi*, 3 : cŏm-es, -*ĭtis* : Mўcēn-ae, -*ārum*, *plu.*

EXERCISE XIII.

The Ablative Absolute—The English Perfect Participle Active.

A.

1. Having-taken the city, the **Aedui returned home.**
2. Having-given hostages, the Remi departed from Caesar's camp.
3. Having-thrown-away their-shields, the Romans attacked the enemy with-their-swords.
4. **Having-killed** the jackdaw, **the boy** rejoiced.
5. **Having-**landed his-forces, Datis, the leader of-the-Persians, pitched his-camp on the plain.
6. Having-laid-waste **the** fields, **the** soldiers will-set-fire-to the **houses.**
7. Having-plundered the temple at-Delphi, the Persians will-make an inroad into Attica.
8. Having-seen my-sister, I-shall-start at-dawn.
9. Having-built a nest, the eagles were-sitting on the rock.
10. Having-drawn their-swords, **the** travellers rushed at the robbers.

EXERCISE XIII.

The Ablative Absolute—The English Perfect Participle Active.

A.

1. Căpio, *cēpi, captum*, 3 : urbs, *urbis*, f. : Aedui, *plu.* : rĕd-eo, *-ii, anom.*, 4 : dŏm-us, *-ūs.*
2. Do, *dĕdi, dătum*, 1 : obs-es, *-ĭdis*, c. : Remi, *plu.* : dis-cēdo, *-cessi*, 3 : ex : castr-a, *-ōrum, plu.* : Caes-ar, *-ăris.*
3. Ab-jĭcio, *-jēci, -jectum*, 3 : scūt-um, *-i*, n. : Rōmāni, *plu.*: ăd-ŏrior, *-ortus sum, dep.*, 4 : host-is, *-is* : glăndi-us, *-i.*
4. Inter-fĭcio, *-fēci, -fectum*, 3 : grăcŭl-us, *-i*, m. : puer, m. : gaudeo, *gāvīsus sum, semi-dep.*, 2.
5. Ex-pōno, *-pŏsui, -pŏsĭtum*, 3 : cōpi-ae, *-ārum, plu.*, f. : Datis : dux, *dŭcis* : Pers-ae, *-ārum, plu.* : pōno, *pŏsui*, 3 : castr-a, *-ōrum plu.* : in : camp-us, *-i.*
6. Vasto, 1 : ăger, *agri*, m. : mīl-es, *-ĭtis* : incendo, 3 : dŏm-us, *-ūs.*
7. Dī-rĭpio, *-rĭpui, -reptum*, 3 : templ-um, *-i*, n. : Delph-i, *-ōrum, plu.* : Pers-ae, *-ārum, plu.* : făcio, 3 : incursi-o, *-ōnis* : in : Attĭc-a, *-ae.*
8. Vĭdeo, *vīdi, vīsum*, 2 : sŏr-or, *-ōris*, f. : prŏfĭciscor, *dep.*, 3: prīma lux, *prīmae lūcis.*
9. Con-struo, *-struxi, -structum*, 3 : nīd-us, *-i*, m. : ăquĭl-a, *-ae* : sĕdeo, 2 : in : scŏpŭl-us, *-i.*
10. Stringo, *strinxi, strictum*, 3 : glădi-us, *-i*, m. : viāt-or, *-ōris* : in-curro, *-curri*, 3 : in : latr-o, *-ōnis.*

EXERCISE XIII.—*continued.*

B.

11. Troy, which was-besieged for-ten years by the Greeks, was-taken at-length by-treachery.
12. The judge condemned the queen, in the absence of the king [*say*, the king being-absent].
13. The soldiers would-have-watched the whole night.
14. Let-the-slaves prepare lunch for-Pompey and me.
15. This wolf is bigger than Caesar's dog.
16. The girl showed the letter, which she-had-received, to-her-mother.
17. These women, whose sons we-have-beaten with-rods, are the wives of-Balbus and Caius.
18. The queen, relying-on the honesty of-the-slaves, has-sent many presents to her-friends.
19. Labienus, having-advanced fifteen miles in-one day, will-stay for-two-days at-Vellaunodunum.
20. Catiline conspired against the Roman republic in the consulship of Cicero [*say*, Cicero being-consul].

EXERCISE XIII.—*continued.*

B.

11. Trōj-a, *-ae*, f. : qui : ob-sĭdeo, *-sēdi*, *-sessum*, 2 : dĕcem : ann-us, *-i*, m. : a : Graeci, *plu.* : căpio, *cēpi*, *captum*, 3 : tandem : dŏl-us, *-i*.
12. Jūdex : condemno, 1 : rēgīn-a, *-ae* : rex, *rēgis*, m. : abs-ens, *-entis*.
13. Mīl-es, *-ĭtis* : vĭgĭlo, 1 : tōt-us, *-a*, *-um* : nox, *noctis*, f.
14. Serv-us, *-i* : păro, 1 : prandi-um, *-i* : Pompēius : et : ĕgo.
15. Hic : lŭp-us, *-i*, m. : sum : magn-us, *-a*, *-um* : căn-is, *-is* : Caes-ar, *-ăris*.
16. Puell-a, *-ae* : os-tendo, *-tendi*, 3 : ĕpistŏl-a, *-ae*, f. : qui : ac-cĭpio, *-cēpi*, 3 : mā-ter, *-tris*.
17. Hic : mŭli-er, *-ĕris*, f. : qui : fīlius : verbĕro, 1 : virg-a, *-ae* : sum : ux-or, *-ōris* : Balbus : et : Caius.
18. Rēgīn-a, *-ae*, f. : frēt-us, *-a*, *-um* : prŏbĭt-as, *-ātis* : serv-us, *-i* : mitto, *mīsi*, 3 : mult-us, *-a*, *-um* : dōn-um, *-i*, n. : ad : ămīc-us, *-i*.
19. Labiēnus, m. : prō-grĕdior, *-gressus sum*, *dep.*, 3 : quindĕ-cim : mille passūs : ūnus : dies, m. : mŏror, *dep.*, 1 : bĭdu-um, *-i* : Vellaunodūn-um, *-i*.
20. Cătĭlīn-a, *-ae* : conjūro, 1 : contra : Rōmān-us, *-a*, *-um* : respublĭca, *rēipublĭcae*, f. : Cĭcĕr-o, *-ōnis* : cons-ul, *-ŭlis*.

EXERCISE XIV.

The Accusative and Infinitive.

A.

1. We-know that-God governs the **universe**.
2. The spy announces **that-the-general** has-taken the camp.
3. The boy said **that-the-man was mad**.
4. The robbers heard that-the-travellers had-entered the wood.
5. We-have-told you that-the-girl is happy.
6. The citizens thought that-the-enemy would-attack the city in-the-evening.
7. Cicero asserted in-the-presence-of the people that-Verres would-be-condemned.
8. The ambassadors announced that-Carthage had-been-destroyed.
9. The slave tells me that-the-hawk has-been-killed.
10. We-do-not believe that-Crassus will-be-conquered.

EXERCISE XIV.

The Accusative and Infinitive.

A.

1. Scio, 4 : **Deus** : gŭberno, 1 : mund-us, *-i*.
2. Spĕcŭlāt-or, *-ōris* : nuntio, 1 : dux, *dŭcis* : căpio, *cēpi*, 3 : castr-a, *-ōrum, plu.*
3. Puer : dīco, *dixi*, 3 : hŏm-o, *-ĭnis*, m. : sum : insān-us, *-a, -um*.
4. Latr-o, *-ōnis* : **audio**, 4 : viāt-or, *-ōris* : **intro,** 1 : **silv-a,** *-ae*.
5. Dīco, *dixi*, 3 : **tu** : puell-a, *-ae*, f. : sum : fēlix.
6. Cīv-is, *-is* : existĭmo, 1 : host-is, *-is*, m. : oppugno, 1 : urbs, *urbis* : vesp-er, *-ĕri* **and** *-ĕris*.
7. Cĭcĕro : affirmo, 1 : cōram : pŏpŭl-us, *-i* : **Verr-es,** *-is* : condemno, 1.
8. Lēgāt-us, *-i* : nuntio, 1 : Carthāg-o, *-ĭnis*, **f.** : dŏl-eo, *-ēvi, -ētum*, 2.
9. **Serv-us,** *-i* : dīco, 3 : **ĕgo** : **accĭpĭ-ter,** *-tris*, m : oc-cīdo, *-cīdi, -cīsum*, 3.
10. **Non** : **crēdo,** 3 : Crassus : vinco, *vīci, victum*, 3.

EXERCISE XIV.—*continued.*

B.

11. **The farmer** told his-wife that-the-black **cow was-dying**.
12. Philosophers assert that-the-sun is larger than the earth.
13. Night being-about-to-come, we-will-go home.
14. **The camp** was-distant twelve **miles from the city**.
15. **These temples,** which you-have-plundered, were **sacred to-Jupiter** and to-Juno.
16. The father declares that-nothing **is dearer** to-wise-men than virtue.
17. The king, having-followed **the** messenger into the cottage, **saw the moles, which** the slave had-killed.
18. **The** spears, **which** the Gauls were-using, were sharper **than the swords** of-the-Romans.
19. **I-have-heard** that-wise-men despise riches.
20. Let-us-return thanks to-the-gods, who have-protected **us amidst so-many** dangers.

EXERCISE XIV.—*continued*.

B.

11. Agrĭcŏl-a, *-ae* : dīco, *dixi,* 3 : ux-or, *-ōris* : nĭger : vacc-a, *-ae*, f. : mŏrior, *dep.,* 3.
12. Phĭlŏsŏph-us, *-i* : affirmo, 1 : sol, *sōlis,* m. : sum : magn-us, *-a, -um* : terr-a, *-ae*.
13. Nox, *noctis,* f. : vĕnio, *vēni, ventum,* 4 : eo, *anom.,* 4 : dŏm-us, *-ūs*.
14. Castr-a, *-ōrum, plu.* : absum : duŏdĕcim : mille passūs : ab : urbs, *urbis*.
15. Hic : templ-um, *-i,* n. : qui : dī-rĭpio, *-rĭpui,* 3 : sum : să-cer, *-cra, -crum* : Jūpĭter, *Jŏvis* : et : Jūn-o, *-ōnis*.
16. Păter : dēclāro, 1 : nĭhil, *indecl.* n. : sum : cār-us, *-a, -um* : săpi-ens, *-entis* : virt-ūs, *-ūtis*.
17. Rex, *rēgis,* m. : sĕquor, *sĕcūtus sum, dep.,* 3 : nunti-us, *-i* : in : căs-a, *-ae* : vĭdeo, *vīdi,* 2 : talp-a, *-ae,* c. : qui : serv-us, *-i* : oc-cīdo, *-cīdi,* 3.
18. Hast-a, *-ae,* f. : qui : Galli, *plu.* : ūtor, *dep.* 3 : sum : ăcūt-us, *-a, -um* : glădi-us, *-i* : Rōmāni, *plu.*
19. Audio, 4 : săpi-ens, *-entis* : contemno, 3 : dīvĭti-ae, *-ārum, plu.*
20. Ăgo, 3 : grāti-ae, *-ārum, plu.* : Deus, m. : qui : servo, 1 : ĕgo : inter : tŏt, *indecl.* : pĕrīcŭl-um, *-i,* n.

EXERCISE XV.

The Accusative and Infinitive—Se, **Eum,** etc.

A.

1. **The** poet says that-he is blind and deaf.
2. **The** master told the boy that-he [*viz.*, the boy] was wiser than Marcus.
3. **The** queen **said that-she was very-happy.**
4. The girl thought that-her-own mother was more-beautiful than **Cornelia.**
5. The father **declared that-his-son was** dearer to-him than gold **and silver.**
6. **Caesar hopes** that-he will-conquer the Gauls in-a-few years.
7. The master told his-slave that-he [*viz.*, the master] would-give **him** [*viz.*, the slave] a great reward.
8. **The** general informed the citizens that-he would-lay-waste **their fields.**
9. **The** king announced to-his-friends that-their **houses had-been-set-on-fire by the** robbers.
10. The **Romans told the** Gauls that-their-own **swords** were longer **than their spears.**

EXERCISE XV.

The Accusative and Infinitive—Se, **Eum,** etc.

A.

1. Poēt-a, *-ae* : dīco, 3 : se : sum : caec-us, *-a, -um* : et : surd-us, *-a, -um*.
2. Măgister : dīco, *dixi,* 3 : puer : is : sum : săpi-ens, *-entis, adj.* : Marcus.
3. Rēgīn-a, *-ae* : dīco, *dixi,* 3 : se : sum : fēlix.
4. Puell-a, *-ae* : pŭto, 1 : suus : mā-ter, *-tris,* f. : sum : pul-cher, *-chra, -chrum* : Cornēli-a, *-ae.*
5. Păter : dēclāro, 1 : fīlius, m. : sum : cār-us, *-a, -um* : se : aŭr-um, *-i* : et : argent-um, *-i.*
6. Caesar : spēro, 1 : se : vinco, *vīci, victum,* 3 : Galli, *plu.* : pauc-i, *-ae, -a* : ann-us, *-i,* m.
7. Dŏmĭnus : dīco, *dixi,* 3 : serv-us, *-i* : se : do, *dĕdi, dătum,* 1 : is : magn-us, *-a, -um* : praemi-um, *-i,* n.
8. Dux, *dŭcis* : certiorem făcio, *fēci,* 3 : cīv-is, *-is,* c. : se : vasto, 1 : is : ăger, *agri.*
9. Rex, *rĕgis* : nuntio, 1 : ămīc-us, *-i* : is : dŏm-us, *-ūs,* f. : incendo, *-cendi, -censum,* 3 : a : latr-o, *-ōnis.*
10. Rōmāni, *plu.* : dīco, *dixi,* 3 : Galli, *plu.* : suus : glădi-us : *-i,* m. : sum : long-us, *-a, -um* : is : hast-a, *-ae.*

EXERCISE XV.—*continued.*

B.

11. Having-disembarked his-legions, Caesar determined **to-wait-for** the auxiliary-forces.
12. **The** slave declared that-the-mice had-eaten the cheese.
13. **The** maid-servant says that-the-black cat has-broken the dish.
14. Ovid, having-embraced his-wife, said that-he would-set-**out at-once.**
15. **Ovid** being-about-to-depart, his-friends were-weeping very-bitterly.
16. You and I, who have-killed many partridges with-our-arrows, have-remained the whole autumn in-the-country.
17. You, who **have-lived** at-Rhodes so-many **years,** have-heard **many philosophers.**
18. **Let-us-use the bow,** which **my** brother has-left **in** the garden on-the-ground.
19. The master, having-exhorted his-slaves, **set-out** at-midnight.
20. The general having-exhorted **the allies, the** line-of-battle **was-drawn-up.**

EXERCISE XV.—*continued.*

B.

11. Ex-pōno, *-pŏsui, -pŏsĭtum,* 3 : lĕgi-o, *-ōnis,* f. : Caesar : stăt-uo, *-ui,* 3 : expecto, 1 : auxili-a, *-ōrum, plu.*
12. Serv-us, *-i* : dēclāro, 1 : mus, *mūris* : ĕdo, *ēdi,* 3 : cāse-us, *-i.*
13. Ancill-a, *-ae* : dīco, 3 : nĭger : fēl-es, *-is,* f. : frango, *frēgi,* 3 : lanx, *lancis.*
14. Ovidius, m. : am-plector, *-plexus sum,* **dep.,** 3 : ux-or, *-ōris* : dīco, *dixi,* 3 : se : prŏ-fĭciscor, *-fectus sum,* **dep.,** 3 : stătim.
15. Ovidius, m.: ăb-eo, *-ii, -ĭtum,* **anom.,** 4 : ămīc-us, *-i* : fleo, 2 : acrĭter.
16. Tu : et : ĕgo: qui : inter-fĭcio, *-fēci,* 3 : mult-us, *-a, -um*: perd-ix, *-īcis,* c. : săgitt-a, *-ae* : măneo, *mansi,* 2 : tōt-us, *-a, -um* : auctumn-us, *-i,* m. : rus, *rūris.*
17. Tu : qui : hăbĭto, 1 : Rhŏd-us, *-i* : tŏt, *indecl.* : ann-us, *-i,* m. : audio, 4 : mult-us, *-a, -um* : phĭlŏsŏph-us, *-i,* m.
18. Utor, *dep.,* 3 : arc-us, *-ūs,* m. : qui : meus : frā-ter, *-tris,* m. : rĕ-linquo, *-līqui,* 3 : in : hort-us, *-i* : hŭm-us, *-i.*
19. Dŏmĭnus, m. : hortor, *dep.,* 1 : serv-us, *-i* : prŏ-fĭciscor, *-fectus sum, dep.,* 3 : mĕdia nox, *mĕdiae* **noctis.**
20. Dux, *dŭcis,* m. : hortor, *dep.,* 1 : sŏci-us, *-i* : ăci-es, *-ēi,* f.: in-struo, *-struxi, -structum,* 3.

EXERCISE XVI.

1. The shepherd is-looking-for **the** lambs, which have-wandered from the sheepfold.
2. The **master,** having-seized a stick, beat **the** boy's back **severely.**
3. The king, **moved** by-anger, **ordered all the** robbers to-be-killed.
4. **The** queen said that-she would-remain the whole night in-London.
5. The old-woman pretended **that-she** was mad.
6. **Our-father, whom** we-will-imitate, is-called **Lollius.**
7. **In-summer the days are longer than in-winter.**
8. **We-have-walked from-Tarentum to-Capua** in-five **days.**
9. The **girls were-admiring the thrush, which** their-brother **had-killed with-a-stone.**
10. We boys are taller than the sons of-Marcus.
11. Having-received **a** wound, the lieutenant perceived that- he was-dying.
12. **The** old-woman being-about-to-die, her-husband **was-**weeping very-bitterly.
13. **The** exile, having-embraced his-wife and children, set-out for-Byzantium.
14. The temple having-been-set-on-fire, the robbers fled across **the river.**
15. **The** Allobroges **told** Cicero that-Catiline was-conspiring **against** the republic.
16. The walls of-the-city, which we-have-taken, are fourteen feet high.
17. The girls, who were-pointing-out the way to-the-traveller, would-have-been-frightened by-the-lightning.
18. **Having-raised a loud** shout, **the** Gauls made an attack upon **the tenth legion.**

EXERCISE XVI.

1. Past-or, *-ōris* : quaero, 3 : agn-us, *-i*, m. : qui : erro, 1 : ab : ŏvīl-e, *-is*.
2. Măgister : ar-rĭpio, *-rĭpui, -reptum*, 3 : băcŭl-um, *-i*, n. : verbĕro, 1 : terg-um, *-i* : puer : grăvĭter.
3. Rex, *rēgis*, m. : mŏveo, *mōvi, mōtum*, 2 : īr-a, *-ae* : jŭbeo, *jussi*, 2 : omn-is, *-e* : latr-o, *-ōnis*, m. : occīdo, 3.
4. Rēgīn-a, *-ae* : dīco, *dixi*, 3 : se : măneo, *mansi, mansum*, 2 : tōt-us, *-a, -um* : nox, *noctis*, f. : Londini-um, *-i*.
5. Ăn-us, *-ūs* : sĭmŭlo, 1 : se : sum : insān-us, *-a, -um*.
6. Păter, m. : qui : ĭmĭtor, *dep.*, 1 : vŏcor, 1 : Lollius.
7. Aest-as, *-ātis* : dies, m. : sum : long-us, *-a, -um* : quam : hi-ems, *-ĕmis*.
8. Ambŭlo, 1 : Tărent-um, *-i* : Căpu-a, *-ae* : quinque : dies, m.
9. Puell-a, *-ae* : admīror, *dep.*, 1 : turd-us, *-i*, m. : qui : frā-ter, *-tris* : inter-fĭcio. *-fēci*, 3 : lăp-is, *-ĭdis*.
10. Ĕgo : puer, m. : sum : alt-us, *-a, -um* : fīlius : Marcus.
11. Ac-cĭpio, *-cēpi, -ceptum*, 3 : vuln-us, *-ĕris*, n. : lēgāt-us, *-i* : sentio, *sensi*, 4 : se : mŏrior, *dep.*, 3.
12. Ăn-us, *-ūs*, f. : mŏrior, *fut. part. mŏrĭturus, dep.*, 3 : mărīt-us, *-i* : fleo, 2 : acrĭter.
13. Ex-ul, *-ŭlis*, m. : am-plector, *-plexus sum, dep.*, 3 : ux-or, *-ōris* : et : lībĕr-i, *-ōrum, plu.* : prō-fĭciscor, *-fectus sum, dep.*, 3 : Byzanti-um, *-i*.
14. Templ-um, *-i*, n. : in-cendo, *-cendi, -censum*, 3 : latr-o, *-ōnis* : fŭgio, *fūgi*, 3 : trans : flŭvi-us, *-i*.
15. Allobrŏges, *plu.* : dīco, *dixi*, 3 : Cĭcĕr-o, *-ōnis* : Cătĭlīn-a, *-ae* : conjūro, 1 : contra : respublĭca, *rĕipublĭcae*.
16. Mūr-us, *-i*, m. : urbs, *urbis*, f. : qui : căpio, *cēpi*, 3 : sum : quātuordĕcim : pes, m. : alt-us, *-a, -um*.
17. Puell-a, *-ae*, f. : qui : monstro, 1 : vi-a, *-ae* : viāt-or, *-ōris* : terreo, 2 : fulm-en, *-ĭnis*.
18. Tollo, *sustŭli, sublātum*, 3 : magn-us, *-a, -um* : clām-or, *-ōris*, m. : Galli, *plu.* : făcio, *fēci*, 3 : impĕt-us, *-ūs* : in : dĕcĭm-us, *-a, -um* : lĕgi-o, *-ōnis*, f.

19. **Let-us-all use the** intellect, **which** the **gods have-given us.**
20. **Lentulus and Cethegus were-put-to-death in the** consulship of Cicero [*say,* **Cicero** being-consul].

EXERCISE XVII.

1. **Caesar** would-have-treated **with** the ambassadors, whom the Aedui had-sent about peace.
2. **The** boys, whose **shouts** we-have-heard, **have-run six** miles in-one hour.
3. Remain **ye at-home;** I **will-go** into-the-country.
4. **The** thrush, which built **its-nest** in our garden, has-been-killed with-a-stone **by the cruel boy.**
5. **The master has-set-free the slave, whose** fidelity he-has-proved.
6. The ambassadors announced to-the-Romans that-the-city would-be-stormed on-the-tenth day.
7. We-know that-the-Gauls were-conquered by Caesar.
8. **Troy** having-been-destroyed, the Greeks returned home.
9. **Troy,** which the **Greeks** besieged for-ten **years,** was-taken at-length by-craft.
10. **The Gauls** were-astonished at-the-height **of-the-**tower, **which** the Romans had-built.
11. The **exile being-a**bout-to-depart, his-friends **shed** many **tears.**
12. **The** robber restored to-the-girl the **money, which** he-had-taken-away.
13. In your consulship [*say,* **you** being-consul], we-gained a great victory.

19. Omn-is, -e : ūtor, *dep.*, 3 : mens, *mentis*, f. : qui : Deus : do, *dĕdi*, 1 : ĕgo.
20. Lentŭlus, m. : et : Cethēgus, m. : inter-fĭcio, *-fēci, -fectum*, 3 : Cĭcĕr-o, *-ōnis* : cons-ul, *-ŭlis*.

EXERCISE XVII.

1. Caesar : ăgo, *ēgi*, 3 : cum : lēgāt-us, *-i*, m. : qui : Aedui, *plu.* : mitto, *mīsi*, 3 : de : pax, *pācis*.
2. Puer, m. : qui : clām-or, *-ōris* : audio, 4 : curro, *cŭcurri*, 3 : sex : mille passūs : ūnus : hōr-a, *-ae*, f.
3. Mănĕo, 2 : tu : dŏm-us, *-ūs* : ĕgo : eo, *anom.*, 4 : rus, *rūris*.
4. Turd-us, *-i*, m. : qui : con-struo, *-struxi*, 3 : nīd-us, *-i* : in : noster : hort-us, *-i*, m. : inter-fĭcio, *-fēci, -fectum*, 3 : lăp-is, *-ĭdis* : a : crūdēl-is, *-e* : puer, m.
5. Dŏmĭnus : lībĕro, 1 : serv-us, *-i*, m. : qui : fĭdēlĭt-as, *-ātis* : ex-pĕrior, *-pertus sum, dep.*, 4.
6. Lēgāt-us, *-i* : nuntio, 1 : Rōmāni, *plu.* : urbs, *urbis* : oppug-no, 1 : dĕcĭm-us, *-a, -um* : dies, m.
7. Scio, 4 : Galli, *plu.*, m. : vinco, *vīci, victum*, 3 : a : Caes-ar, *-ăris*.
8. Trōj-a, *-ae*, f. : dēl-eo, *-ēvi, -ētum*, 2 : Graeci, *plu.* : rĕd-eo, *-ii, anom.*, 4 : dŏm-us, *-ūs*.
9. Trōj-a, *-ae*, f. : qui : Graeci, *plu.* : ob-sĭdeo, *-sēdi*, 2 : dĕcem : ann-us, *-i*, m. : căpio, *cēpi, captum*, 3 : tandem : dŏl-us, *-i*.
10. Galli, *plu.*, m. : obstŭpĕ-făcio, *-fēci, -factum*, 3 : altĭtūd-o, *-ĭnis* : turr-is, *-is*, f. : qui : Rōmāni, *plu.* : con-struo, *-struxi*, 3.
11. Exs-ul, *-ŭlis*, m. : dis-cēdo, *-cessi, -cessum*, 3 : ămīc-us, *-i*, fundo, *fūdi*, 3 : mult-us, *-a, -um* : lacrĭm-a, *-ae*, f.
12. Latr-o, *-ōnis* : red-do, *-dĭdi*, 3 : puell-a, *-ae* : pĕcūni-a, *-ae*, f. : qui : aufĕro, *abstŭli*, 3.
13. Tu : cons-ul, *-ŭlis* : rĕporto, 1 : magn-us, *-a, -um* : victōri-a, *-ae*, f.

14. **Cicero, the Roman orator,** has-achieved everlasting **renown.**
15. The general, relying-on the valour of-his-soldiers, advanced without delay to the gates **of**-the-town.
16. Caesar **saw** that-the-ground was favourable to-him.
17. When **you were** general [*say,* 'you being-general], **the army** was-sent under the yoke.
18. The poet used-to-live at-Miletus in-the-spring, **at**-Ephesus in-the-autumn.
19. **The** sailors have-been-called cowards by the pilot.
20. Let-us-go to-Athens **in-summer, but** let-us-remain **at**-Rome in-winter.

EXERCISE XVIII.

1. **The war, which** we-are-waging with the Gauls, will-be-finished in-a-few months.
2. Navius without delay cut with-the-razor the whetstone, which he-had-taken into his-hand.
3. In the consulship **of** Pompey and Crassus [*say,* Pompey and Crassus being-consuls], many conspirators were-put-to-death.
4. The thieves will-get-possession-of the royal treasure either by-force or by-fraud.
5. **Tarquin** having-been-driven from-Rome, two men **were-made** consuls.
6. Under **the leadership of** Hannibal [*say,* **Hannibal** being-leader], **this city** was-taken by the Carthaginians in-the-twelfth year.
7. The lieutenant was-praising the allies, who had-stormed the Roman camp.
8. The master was-beating with-a-rod the slave, whose hands he-had-tied behind his-back.
9. **The geese,** which **saved** Rome, were sacred to-Juno.

14. Cĭcĕro, m.: Rōmān-us, -a, -um: ōrāt-or, -ōris, m.: ăd-ĭpiscor, -eptus sum, dep., 3: aetern-us, -a, -um: fām-a, -ae, f.
15. Dux, dŭcis, m.: frēt-us, -a, -um: virt-ūs, -ātis: mīl-es, -ĭtis: prō-grĕdior, -gressus sum, dep., 3: sĭne: mŏr-a, -ae: ad: port-a, -ae: oppĭd-um, -i.
16. Caesar: vĭdeo, vīdi, 2: lŏc-us, -i, m.: sum: ĭdōne-us, -a, -um: se.
17. Tu: dux, dŭcis: exercĭt-us, -ūs, m.: mitto, mīsi, missum, 3: sub: jŭg-um, -i.
18. Poēt-a, -ae: hăbĭto, 1: Mīlēt-us, -i: ver, vĕris: Ephĕs-us, -i: auctumn-us, -i.
19. Naut-a, -ae: vŏcor, 1: ignāv-us, -i: a: gŭbernāt-or, -ōris.
20. Eo, anom., 4: Ăthēn-ae, -ārum, plu.: aest-as, -ātis: sed: mǎneo, 2: Rōm-a, -ae: hi-ems, -ĕmis.

EXERCISE XVIII.

1. Bellum, n.: qui: gĕro, 3: cum: Galli, plu.: confĭcio, 3: pauc-i, -ae, -a: mens-is, -is, m.
2. Navius: sĭne: mŏr-a, -ae: scindo, scĭdi, 3: nŏvācŭl-a, -ae: cos, cōtis, f.: qui: sūmo, sumpsi, 3: in: măn-us, -ūs.
3. Pompēius: et: Crassus: cons-ul, -ŭlis: mult-us, -a, -um: conjūrāt-i, -ōrum, plu, m.: inter-fĭcio, -fēci, -fectum, 3.
4. Fur, fūris: pŏtior, dep., 4: rēgi-us, -a, -um: gāz-a, -ae, f.: aut: vis, defect.: aut: fraus, fraudis.
5. Tarquinius, m.: ex-ĭgo, -ēgi, -actum, 3: Rōm-a, -ae: duo: vir, vĭri, m.: creo, 1: cons-ul, -ŭlis.
6. Hannĭb-al, -ălis: dux, dŭcis: hic: urbs, urbis, f.: căpio, cēpi, captum, 3: a: Poeni, plu.: duŏdĕcĭm-us, -a, -um: ann-us, -i, m.
7. Lēgāt-us, -i: laudo, 1: sŏci-us, -i, m.: qui: oppugno, 1: Rōmān-us, -a, -um: castr-a, -ōrum, plu.
8. Dŏmĭnus: verbĕro, 1: virg-a, -ae: serv-us, -i, m.: qui: măn-us, -ūs: allĭgo, 1: post: terg-um, -i.
9. Ans-er, -ĕris, m.: qui: servo, 1: Rōm-a, -ae: sum: să-cer, -cra, -crum: Jūn-o, -ōnis.

10. The Gauls, having-pitched **their-camp at** the third milestone from **the city,** will-advance to-Rome at-dawn.
11. Proculus, who **has-returned** home from-Alba Longa, asserts that-he **saw** the ghost of-Romulus in-the-night.
12. **In the reign of** Tullus Hostilius [*say,* Tullus Hostilius **reigning**], **war** broke-out between the Romans and the Albans.
13. **Fuffetius,** the leader of-the-Albans, stirred-up the **Veientines** against the Romans.
14. Having-raised an immense army, Xerxes invaded Greece.
15. The poets say that-they **will-come** into the **city** to-morrow.
16. **The ambassadors, who had-been-sent into the camp** by the Remi, **would-have-returned home** in-the-evening.
17. Victoria **has-reigned** for-fifty years.
18. This city was-destroyed by the Romans, your ancestors.
19. We-should-have-set-out from-Tarentum at-the-third hour.
20. Let-us-stay here for-two-days, O-companions.

EXERCISE XIX.

1. **Tullus** Hostilius being-dead, Ancus Marcius **was-made king by the people.**
2. **Amulius,** having-banished his-brother Numitor from the **city,** seized the throne.
3. **The robbers, by whom** Caius was-captured, were-lying-hid in **the thick** wood.
4. **The** consul, having-exhorted the third legion, hastened **from-**Tarentum to-Rome by-forced marches.
5. In-the-meantime we-shall-remain either at-Cumae or at-**Marseilles.**

10. **Galli,** *plu.* : pōno, *pŏsui,* *pŏsĭtum,* 3 : castr-a, -ōrum, *plu.*,
    n. : ad : terti-us, *-a, -um* : lăp-is, *-ĭdis,* **m.** : ab : urbs,
    urbis : prōgrĕdior, *dep.*, 3 : Rōm-a, -ae : prīma lux,
    prīmae lūcis.
11. Procŭlus, **m.** : qui : rĕd-eo, *-ii, anom.*, 4 : dŏm-us, -ūs :
    Alba Longa : affirmo, 1 : se : vĭdeo, *vīdi,* 2 : ĭmāg-o,
    -ĭnis : Rōmŭl-us, *-i* : nox, *noctis.*
12. Tullus **Hostīlius** : regno, 1 : bellum, **n.** : ex-ŏrior, -ortus
    sum, dep., 4 : **inter** : Rōmāni, *plu.* : et : Albāni, *plu.*
13. **Fuffetius** : dux, *dŭcis* : Albāni, *plu.* : concĭto, 1 : Vēient-
    es, *-um, plu.* : **adversus** : Rōmāni, *plu.*
14. Compăro, 1 : ingens : exercĭt-us, *-ūs,* **m.** : Xerxes : in-
    vādo, *-vāsi,* 3 : Graeci-a, *-ae.*
15. Poēt-a, *-ae* : dīco, 3 : se : vĕnio, *vēni, ventum,* 4 : in : urbs,
    urbis : cras.
16. Lēgāt-us, *-i,* m. : **qui** : mitto, *mīsi, missum,* 3 : in : castr-a,
    -ōrum, plu. : **a** : **Remi,** *plu.* : rĕd-eo, *-ii, anom.*, 4 : dŏm-
    us, *-ūs* : vesp-er, *-ĕri* and *-ĕris.*
17. Victōria : regno, 1 : quinquāginta : ann-us, *-i,* m.
18. Hic : urbs, *urbis,* **f.** : dēl-eo, *-ēvi, -ētum,* 2 : **a** : Rōmāni,
    plu. : vester : mājōr-es, *-um, plu.* m.
19. Prŏ-fĭciscor, *-fectus sum, dep.*, 3 : Tărent-um, *-i* : terti-us,
    -a, -um : hōr-a, *-ae,* f.
20. Mŏror, *dep.*, 1 : hic : bĭdu-um, *-i* : cŏm-es, *-ĭtis.*

EXERCISE XIX.

1. Tullus Hostīlius, m. : mŏrior, *mortuus sum, dep.*, 3 : **Ancus
   Marcius** : creo, 1 : rex, *rēgis* : a : pŏpŭl-us, *-i.*
2. Amūlius : ex-pello, *-pŭli, -pulsum,* 3 : frā-ter, *-tris,* m. :
   Numĭt-or, *-ōris* : **ex** : urbs, *urbis* : occŭpo, 1 : regn-um, *-i.*
3. Latr-o, *-ōnis,* m. : a : qui : Caius, m. : căpio, *cēpi, captum,* 3 :
   lăteo, 2 : in : dens-us, *-a, -um* : silv-a, *-ae,* f.
4. Cons-ul, *-ŭlis,* m. : cŏhortor, *dep.*, 1 : terti-us, *-a, -um* :
   lĕgi-o, *-ōnis,* f. : con-tendo, *-tendi,* 3 : Tărent-um, *-i* :
   Rōm-a, *-ae* : magn-us, *-a, -um* : ĭter, *ĭtĭnĕris,* n.
5. Intĕreā : măneo, 2 : aut : Cūm-ae, *-ārum, plu.* : aut :
   Massĭli-a, *-ae.*

6. The signal having-been-given, the Sabine **maidens** were-carried-off by the Roman **youths**.
7. Tarpeia asked-for **the** golden bracelets, which the Sabines were-wearing on their-left arms.
8. At-the-first attack **the** enemy were-thrown-into-confusion **by our-men**.
9. The **king** promised that-he would-get-possession-of the **town** before the twentieth **day**.
10. The girl told her-brother that-she was five feet tall.
11. **A storm having-arisen,** the ships were-shattered by-the-violence of-the-winds and waves.
12. **The** general promises **that-he will-give all** the booty to-the-soldiers.
13. Having-heard this, they-raised a great shout.
14. The Fabii, having-set-out from-Rome at-dawn, halted at-Veii about the fifth hour of-the-day.
15. Let-the-bravest soldiers advance to the walls.
16. **Let-us-enjoy the life,** which God has-given us.
17. **The** barbarians live-on fruit and **the** roots of-trees, **which grow in the** island.
18. Cicero, the Roman orator, is-considered worthy of-the-greatest praise.
19. **The** judge, moved by-the-tears of-the-women, has-set-free all the sailors, whom he-had-ordered to-be-cast into chains.
20. In the absence of the cats [*say*, the cats being-absent], the mice are-accustomed to-play in this barn.

6. Sign-um, *-i*, n. : do, *dĕdi, dătum*, 1 : Săbīn-us, *-a, -um* : virgo, f. : răpio, *răpui, raptum*, 3 : a : Rōmān-us, *-a, -um*. : ădŏlesc-ens, *-entis*, m.
7. Tarpēia : pĕto, *pĕtii*, 3 : aure-us, *-a, -um* : armill-a, *-ae*, f. : qui : Săbīni, *plu.* : gĕro, 3 : in : sĭnis-ter, *-tra, -trum* : brāchi-um, *-i*, n.
8. Prīm-us, *-a, -um* : impĕt-us, *-ūs*, m. : host-is, *-is*, m. : per-turbo, 1 : a : noster.
9. Rex, *rēgis*, m. : pol-lĭceor, *-lĭcĭtus sum, dep.*, 2 : se : pŏtior, *pŏtītus sum, dep.*, 4 : oppĭd-um, *-i* : ante : vīcēsĭm-us, *-a, -um* : dies, m.
10. Puell-a, *-ae* : dīco, *dixi*, 3 : frā-ter, *-tris* : se : sum : quin-que : pes, m. : alt-us, *-a, -um*.
11. Prŏcell-a, *-ae* : co-ŏrior, *-ortus sum, dep.*, 4 : nāv-is, *-is*, f. : frango, *frēgi, fractum*, 3 : vis, *defect.* : vent-us, *-i* : et : und-a, *-ae*.
12. Dux, *dŭcis* : pollĭceor, *dep.*, 2 : se : do, *dĕdi, dătum*, 1 : omn-is, *-e* : praed-a, *-ae*, f. : mīl-es, *-ĭtis*.
13. Audio, 4 : hic : tollo, *sustŭli*, 3 : magn-us, *-a, -um* : clām-or, *-ōris*, m.
14. Făbii, *plu.*, m. : prŏ-fīciscor, *-fectus sum, dep.*, 3 : Rōm-a, *-ae* : prīma lux, *prīmae lūcis* : con-sisto, *-stĭti*, 3 : Vēi-i, *-ōrum, plu.* : circĭter : quint-us, *-a, -um* : hōr-a, *-ae*, f. : dies.
15. Fort-is, *-e* : mīl-es, *-ĭtis*, m. : prōcēdo, 3 : ad : mūr-us, *-i*.
16. Fruor, *dep.*, 3 : vīt-a, *-ae*, f. : qui : Deus : do, *dĕdi*, 1 : ĕgo.
17. Barbări, *plu.* : vescor, *dep.*, 3 : fruct-us, *-ūs* : et : rād-ix, *-īcis* : arb-or, *-ŏris*, f. : qui : cresco, 3 : in : insŭl-a, *-ae*.
18. Cĭcĕro, m. : Rōmān-us, *-a, -um* : ōrāt-or, *-ōris*, m. : hăbeor, 2 : dign-us, *-a, -um* : magn-us, *-a, -um* : laus, *laudis*, f.
19. Jūdex, m. : mŏveo, *mōvi, mōtum*, 2 : lacrĭm-a, *-ae* : fēmĭn-a, *-ae* : lībĕro, 1 : omn-is, *-e* : naut-a, *-ae*, m. : qui : jŭbeo, *jussi*, 2 : conjĭcio, 3 : in : vincŭl-um, *-i*.
20. Fēl-es, *-is*, f. : abs-ens, *-entis* : mus, *mūris* : sŏleo, 2 : lūdo, 3 : in : hic : horre-um, *-i*, n.

K

EXERCISE XX.

1. Nothing is more-precious than wisdom or more-disgraceful than cowardice.
2. On-the-next day the angry citizens surrounded the **palace, which the** king had-lately **built.**
3. **Having-commended** the Carnutes, they-all **rise** from the council.
4. **An oath** having-been-given, the conspirators rush to **arms.**
5. Under the leadership of Brutus and Cassius [*say*, Brutus and Cassius being-leaders], the army encamped at the fourth milestone.
6. **The barbarians,** having-put-to-death the Roman citizens, plunder **their goods.**
7. Vercingetorix, whose father had-held **the** supremacy of-all Gaul, having-assembled his-clients, hastened against **the Romans.**
8. **The** books, which we-are-using, were-written by Cicero.
9. **We,** who live in-the-country, send these partridges **to you,** who **pass** your-life at-Naples.
10. **The wolf, which** we-have-killed, **is** bigger than Caesar's dog.
11. The king told the citizens **that**-the-gates were-being-shut.
12. The doctor thought **that-Balbus** was-dead.
13. The general said that-he had-gained **a** great victory.
14. Let-us-remain for-three-years either at-Syracuse or at-Carthage.
15. The inhabitants of-this island are very-daring sailors.
16. Having-quickly **raised** a large **army** at-Lutetia, the general determined to-send embassies in all directions.

EXERCISE XX.

1. Nĭhil, *indecl.*, n. : **sum** : **prĕtiōs-us**, *-a*, *-um* : săpienti-a, *-ae* : vel : turp-is, *-e* : **ignāvi-a**, *-ae*.
2. Postĕr-us, *-a*, *-um* : dies, m. : īrāt-us, *-a*, *-um* : cīv-is, *-is*, c. : cingo, *cinxi*, 3 : **rēgi-a**, *-ae*, f. : qui : **rex**, *rēgis* : nūper : **aedĭfĭco**, 1.
3. Collaudo, 1 : Carnūt-es, *-um*, *plu.*, m. : **omn-is**, *-e* : consur-go, 3 : **ex** : concĭli-um, *-i*.
4. Jusjūrandum, *jūrisjūrandi*, n. : do, *dĕdi*, *dătum*, 1 : con-jūrāt-i, *-ōrum*, *plu.* : **concurro**, 3 : **ad** : arm-a, *-ōrum*, *plu.*
5. Brutus : et : Cassius : dux, *dŭcis* : exercĭt-us, *-ūs* : con-sīdo, *-sēdi*, 3 : ad : quart-us, *-a*, *-um* : lăp-is, *-ĭdis*, m.
6. Barbări, *plu.* : inter-fĭcio, *-fēci*, *-fectum*, 3 : Rōmān-us, *-a*, *-um* : cīv-is, *-is*, c. : dīrĭpio, 3 : is : bŏn-a, *-ōrum*, *plu.*
7. Vercingetŏrix, m. : qui : păter : obtĭneo, 2 : princĭpāt-us, *-ūs* : tōt-us, *-a*, *-um* : Galli-a, *-ae*, f. : convŏco, 1 : cli-ens, *-entis*, c. : con-tendo, *-tendi*, 3 : adversus : Rōmāni, *plu.*
8. Lĭ-ber, *-bri*, m. : qui : ūtor, *dep.*, 3 : scrībo, *scripsi*, *scriptum*, 3 : a : Cĭcĕr-o, *-ōnis*.
9. Ĕgo : qui : hăbĭto, 1 : rus, *rūris* : mitto, 3 : hic : perd-ix, *-ĭcis*, c. : ad : tu : qui : ăgo, 3 : vīt-a, *-ae* : Neāpŏl-is, *-is*.
10. Lŭp-us, *-i*, m. : qui : inter-fĭcio, *-fēci*, 3 : sum : magn-us, *-a*, *-um* : căn-is, *-is* : **Caes-ar**, *-ăris*.
11. Rex, *rēgis* : dīco, *dixi*, 3 : cīv-is, *-is* : port-a, *-ae* : claudo, 3.
12. Mĕdĭc-us, *-i* : pŭto, 1 : Balbus, m. : mŏrior, *mortuus sum*, *dep.*, 3.
13. Dux, *dŭcis* : dīco, *dixi*, 3 : se : rĕporto, 1 : magn-us, *-a*, *-um* : victōri-a, *-ae*, f.
14. Măneo, 2 : trienni-um, *-i* : aut : Sўrācūs-ae, *-ārum*, *plu.* : aut : Carthāg-o, *-ĭnis*.
15. Incŏl-a, *-ae* : hic : insŭl-a, *-ae*, f. : sum : aud-ax, *-ācis*, *adj.* : naut-a, *-ae*, m.
16. Cĕlĕrĭter : compăro, 1 : magn-us, *-a*, *-um* : exercĭt-us, *-ūs*, m. : Luteti-a, *-ae* : dux, *dŭcis* : stăt-uo, *-ui*, 3 : dīmitto, 3 : lēgāti-o, *-ōnis* : in : omn-is, *-e* : pars, *partis*, f.

17. **Adorn the** temple with-flowers, O-maidens.
18. The old-man said that-we **were** very-foolish.
19. The islands, which we-have-subdued, are smaller than Britain.
20. **The** citizens thought that-Caesar would-come into the **city** on-the-fourth day.

EXERCISE XXI.

1. **The enemy** rolled great stones down-from **the** mountains.
2. Caesar has-subdued the whole-of Gaul in-ten years.
3. **The** Remi announced that-the-Belgae were-conspiring **against the Romans.**
4. **The old-man, to-whom we-gave the bread and** cheese, **has-broken his-word.**
5. **The skill** of-our general is-known both at-home and at-the-wars.
6. Having-drawn his-sword, the centurion killed **the** dog, which was-biting his-leg.
7. We-will-give a great reward to-the-slave, whom we-have-sent to-Carthage.
8. **With-his-own hand the** soldier drew-out **the** weapon, with-which he-had-been-wounded.
9. **The corn failing, the inhabitants of-this** city will-perish of-hunger.
10. **The** army having-advanced ten miles, the general pitched his-camp **near the river, which** flowed through the plain.
11. This old-woman, who has-lost all her-money by-her-own folly, is unworthy **of-compassion.**
12. **The robber** has-confessed to-me **that-he** killed the goose.

17. Orno, 1 : templ-um, *-i* : flos, *flōris* : virgo.
18. Sĕn-ex, *-is* : dīco, *dixi*, 3 : ĕgo : sum : stult-us, *-a, -um*.
19. Insŭl-a, *-ae*, f. : qui : sub-ĭgo, *-ēgi*, 3 : sum : parv-us, *-a, -um* : Brĭtanni-a, *-ae*.
20. Cīvis, *-is* : existĭmo, 1 : Caes-ar, *-ăris*, m. : vĕnio, *vēni, ventum*, 4 : in : urbs, *urbis* : quart-us, *-a, -um* : dies, m.

EXERCISE XXI.

1. Host-is, *-is* : volvo, *volvi*, 3 : magn-us, *-a, -um* : sax-um, *-i*, n. : de : mons, *montis*.
2. Caesar : sub-ĭgo, *-ēgi*, 3 : tōt-us, *-a, -um* : Galli-a, *-ae*, f. : dĕcem : ann-us, *-i*, m.
3. Remi, *plu.* : nuntio, 1 : Belg-ae, *-ārum, plu.* : conjūro, 1 : contra : Rōmāni, *plu*.
4. Sĕn-ex, *-is*, m. : qui : do, *dĕdi*, 1 : pān-is, *-is* : et : cāse-us, *-i* : fallo, *fĕfelli*, 3 : fĭd-es, *-ĕi*.
5. Pĕrīti-a, *-ae*, f. : noster : dux, *dŭcis*, m. : cogn-osco, *-ōvi, -ĭtum*, 3 : et : dŏm-us, *-ūs* : et : mīlĭti-a, *-ae*.
6. De-stringo, *-strinxi, -strictum*, 3 : glădi-us, *-i*, m : centŭri-o, *-ōnis* : oc-cīdo, *-cīdi*, 3 : căn-is, *-is*, c. : qui : mordeo, 2 : crus.
7. Do, 1 : magn-us, *-a, -um* : praemi-um, *-i*, n. : serv-us, *-i*, m. : qui : mitto, *mīsi*, 3 : Carthāg-o, *-ĭnis*.
8. Sum : măn-us, *-ūs*, f. : mīl-es, *-ĭtis* : ex-trăho, *-traxi*, 3 : tēl-um, *-i*, n. : qui : vulnĕro, 1.
9. Frūment-um, *-i*, n. : dēfĭcio, 3 : incŏl-a, *-ae* : hic : urbs, *urbis*, f. : pĕreo, *anom.*, 4 : făm-es, *-is*.
10. Exercĭt-us, *-ūs*, m. : prō-grĕdior, *-gressus sum, dep.* 3 : dĕcem : mille passūs : dux, *dŭcis* : pōno, *pŏsui*, 3 : castr-a, *-ōrum, plu.* : ad : flūm-en, *-ĭnis*, n. : qui : fluo, *fluxi*, 3 : per : camp-us, *-i*.
11. Hic : ăn-us, *-ūs*, f. : qui : ā-mitto, *-mīsi*, 3 : omn-is, *-e* : pĕcūni-a, *-ae*, f. : suus : stultĭti-a, *-ae*, f. : sum : indign-us, *-a, -um* : mĭsĕrĭcordi-a, *-ae*.
12. Latr-o, *-ōnis*, m. : con-fĭteor, *-fessus sum, dep.*, 2 : ĕgo : se : inter-fĭcio, *-fēci*, 3 : ans-er, *-ĕris*.

13. The ambassadors promised **that-they would-send** hostages into the camp on-the-third **day.**
14. The soldiers, having-lost their-leader, tarried there for-two-days on-account-of the abundance of-corn and of-water.
15. **I-believe** that-the-city will-be-taken **to-morrow.**
16. By-the-consent of-all, the chief-command is-conferred on **me.**
17. **The** poets, who are-lying on-the-ground beneath **the** shade of-the-spreading beech, are-called **Ovid** and Virgil.
18. Scatter seeds **and plough the fields, O-farmers.**
19. The soldiers, who **have-already** fought for-six hours, will-be-exhausted by-their-wounds and toils.
20. **The city** having-been-taken-by-storm, the general ordered **the bridge** to-be-cut-down.

EXERCISE XXII.

1. In-spring the **thrushes** and blackbirds build **their-nests** in these hedges.
2. The **boy** says that-the-cow's tail is four feet long.
3. The farmers, who were-hunting bears in the woods, **have-**returned to-Mantua.
4. In-the-evening **the** nightingales **sing** among the branches **of-the-trees,** which grow in this grove.
5. The slave was-burying in the garden the **bones** of-the-dog, **which** the neighbours had-killed by-poison.
6. The mother said that-her daughter was-considered more-beautiful than Caesar's sisters.
7. No animal is more-useful to-men than the horse.

13. Lēgāt-us, -i, m. : pol-lĭceor, -lĭcĭtus sum, dep., 2 : se :
    mitto, mīsi, missum, 3 : obs-es, -ĭdis : in : castr-a,
    -ōrum, plu. : terti-us, -a, -um : dies, m.
14. Mīl-es, -ĭtis, m. : ā-mitto, -mīsi, -missum, 3 : dux, dŭcis,
    m. : mŏror, dep., 1 : ĭbi : bĭdu-um, -i : propter : cōpi-
    -a, -ae : frūment-um, -i : et : ăqu-a, -ae.
15. Crēdo, 3 : urbs, urbis : căpio, cēpi, captum, 3 : cras.
16. Consens-us, -ūs : omn-is, -e : impĕri-um, -i : dēfĕro, anom.,
    3 : ad : ĕgo.
17. Poēt-a, -ae, m. : qui : jăceo, 2 : hŭm-us, -i : sub : umbr-a,
    -ae : pătŭl-us, -a, -um : fāg-us, -i, f. : vŏcor, 1 :
    Ovĭdius : et : Virgĭlius.
18. Spargo, 3 : sēm-en, -ĭnis : et : ăro, 1 : ăger, agri :
    agrĭcŏl-a, -ae.
19. Mīl-es, -ĭtis, m. : qui : jam : pugno, 1 : sex : hōr-a,
    -ae, f. : confĭcio, 3 : vuln-us, -ĕris : et : lăb-or, -ōris.
20. Urbs, urbis, f. : expugno, 1 : dux, dŭcis : jŭbeo, jussi, 2 :
    pons, pontis : rescindo, 3.

EXERCISE XXII.

1. Ver, vĕris : turd-us, -i : et : mĕrŭl-a, -ae : construo, 3 :
   nīd-us, -i : in : hic : saep-es, -is, f.
2. Puer : dīco, 3 : caud-a, -ae, f. : vacc-a, -ae : sum :
   quātuor : pes, m. : long-us, -a, -um.
3. Agrĭcŏl-a, -ae, m. : qui : vēnor, dep., 1 : urs-us, -i : in :
   silv-a, -ae : rĕd-eo, -ii, anom., 4 : Mantu-a, -ae.
4. Vesp-er, -ĕri and -ĕris : luscĭni-a, -ae : canto, 1 : inter :
   rām-us, -i : arb-or, -ŏris, f. : qui : cresco, 3 : in : hic :
   nĕm-us, -ŏris, n.
5. Serv-us, -i : sĕpĕlio, 4 : in : hort-us, -i : ŏs, ossis : căn-is,
   -is, c. : qui : vīcīn-us, -i : inter-fĭcio, -fēci, 3 : vĕnēn-
   um, -i.
6. Mā-ter, -tris : dīco, dixi, 3 : suus : fīli-a, -ae, f. : hăbeor,
   2 : pul-cher, -chra, -chrum : sŏr-or, -ōris : Caes-ar : -ăris.
7. Null-us, -a, -um : ănĭmal, n. : sum : ūtĭl-is, -e : hŏm-o,
   -ĭnis : ĕqu-us, -i.

8. We-hear that-Caesar **will-remain for-six** months in Italy.
9. **The** parents, having-read-through the letter, which they-had-received from their-son, rejoiced.
10. Having-left three cohorts and the baggage **on a** mound, **which** was-distant about two miles from the camp, **Labienus** sent-forward the rest-of his-forces to the **river.**
11. We-know that-many **poppies** bloom in-summer in these fields.
12. Marcus would-not have-set-out without the fifth legion.
13. The father told his-children that-they were very-dear to-him.
14. Having-given an oath, **the citizens rush to arms.**
15. The arrival of-Pompey having-been-announced, the **enemy retired from** the plain **into the town.**
16. **The** barbarians, who inhabited this island, used-to-live- on fish **and the eggs** of-sea-gulls.
17. **The two ships, which** sailed from **the** harbour **at-the-same** time, **will-reach** Britain about the third watch.
18. Let-us-worship **the** gods, who created us.
19. **The** boy will-buy **apples** and nuts with-the-money, which his-grandfather **has-given him.**
20. We, who have-lived **the whole summer** at-Baiae and at-Naples, will-go in-the-winter to-Capua and to-Cumae.

8. Audio, 4 : Caes-ar, *-ăris*, m. : **măneo, *mansi*,** *mansum*, 2 : **sex**: mens-is, *-is*, m. : in : Ităli-a, *-ae*.
9. Păr-ens, *-entis*, c. : per-lĕgo, *-lēgi*, *-lectum*, 3 : līter-ae, *-ārum*, *plu*. **f.** : qui : ac-cĭpio, *-cēpi*, 3 : **a** : fīlius : gaudeo, *gāvīsus sum*, *semi-dep*., 2.
10. Rĕ-linquo, *-līqui*, *-lictum*, 3 : tres : cŏhors, *cŏhortis*, **f.** : **et** : impĕdīment-a, *-ōrum*, *plu*., n. : **in** : tŭmŭl-us, *-i*, **m.** : qui : absum : **circĭter** ; duo : **mille passūs** : **a** : **castr-a**, *-ōrum*, *plu*. : Labiēnus : prae-mitto, *-mīsi*, 3 : rĕlĭqu-us, *-a, -um* : cōpi-ae, *-ārum*, *plu*., f. : ad : flūm-en, *-ĭnis*.
11. Scio, 4 : **mult-us, -a, -um** : păpāv-er, *-ĕris*, n. : **flōreo**, 2 : aest-as, *-ātis* : in : hic : ăger, *agri*, m.
12. Marcus, m. : non : prŏ-fĭciscor, *-fectus sum*, *dep*., 3 : sĭne : quint-us, *-a, -um* : lĕgi-o, *-ōnis*, f.
13. Păter : dīco, *dixi*, 3 : lĭbĕr-i, *-ōrum*, *plu*. : **is** : **sum** : cār-us, *-a, -um* : se.
14. Do, *dĕdi*, *dătum*, 1 : jusjūrandum, **jūrisjūrandi**, n. : cīv-is, *-is* : concurro, 3 : ad : **arm-a, -ōrum**, *plu*.
15. Advent-us, *-ūs*, m. : Pompēi-us, *-i* : nuntio, 1 : host-is, *-is* : rĕ-cēdo, *-cessi*, 3 : **ex** : camp-us, *-i* : in : oppĭd-um, *-i*.
16. Barbări, *plu*., m. : qui : incŏlo, 3 : **hic** : insŭl-a, *-ae*, **f.** : vescor, *dep*., 3 : pisc-is, *-is* : et : ōv-um, *-i* : merg-us, *-i*.
17. Duo : nāv-is, *-is*, f. : **qui** : **solvo**, *solvi*, 3 : **ex** : port-us, *-ūs* : **īdem** : temp-us, *-ŏris*, n. : attingo, 3 : Brĭtanni-a, *-ae* : **fĕrē** : terti-us, *-a, -um* : vĭgĭli-a, *-ae*, f.
18. Vĕnĕror, *dep*., 1 : Deus, m. : qui : **creo**, 1 : ĕgo.
19. Puer : ĕmo, 3 : māl-um, *-i* : et : nux, *nŭcis* : **pĕcūni-a**, *-ae*, f. : qui : ăv-us, *-i* : do, *dĕdi*, 1 : **is**.
20. Ĕgo : qui : hăbĭto, 1 : tōt-us, *-a, -um* : aest-as, *-ātis*, **f.** : Bai-ae, *-ārum*, *plu*. : et : Neāpŏl-is, *-is* : eo, *anom*., 4 : hi-ems, *-ĕmis* ; Căpu-a, *-ae* : et : Cūm-ae, *-ārum*, **plu**.

EXERCISE XXIII.

1. **The house,** which your neighbour has-built, seems to-be about seventy feet high.
2. **The** apples and pears, which you-have-bought, are **unripe.**
3. I-hope that-you will-fight bravely for-your country **and** household-gods.
4. Having-said this, **the** general would-have-sat-down.
5. Tarpeia promised that-she would-lead the Sabine knights **into the Roman citadel.**
6. **We-all** enjoy **the recollection** of-your friendship and kindness.
7. **The** sailors, **who** yesterday swam-across **the** harbour, will-sail to-morrow either to-Cyprus or to-Rhodes.
8. Caesar, having-subdued the Remi, remained at-home for-four months with his-wife and children.
9. **This** philosopher, having-been-banished from-Corinth, is-**said** to-have-taught boys at-Syracuse.
10. **The** women, whose husbands and brothers ye-have-slain, **are-weeping.**
11. My-sister and I have-determined to-remain at-Cumae or at-Brindisi the whole summer.
12. In-the-winter I-shall-return with my-parents to-Cremona.
13. The shepherd **told** the girl that-she was taller than his-own son.
14. Caesar ordered the **guards to-kill the** hostages, who were-**endeavouring to-escape** from the camp.

EXERCISE XXIII.

1. Dŏm-us, *-ūs*, f.: qui: tuus: vīcīn-us, *-i*, m.: aedĭfĭco, 1: vĭdeor, 2: sum: circĭter: septuāginta: pes, m.: alt-us, *-a, -um*.
2. Māl-um, *-i*, n.: et: pĭr-um, *-i*, n.: qui: ĕmo, *ēmi*, 3: sum: crūd-us, *-a, -um*.
3. Spēro, 1: tu: pugno, 1: fortĭter: pro: patri-a, *-ae*: et: Pĕnāt-es, *-ium, plu*.
4. Dīco, *dixi, dictum*, 3: hic: dux, *dŭcis*: con-sīdo, *-sēdi*, 3.
5. Tarpēia, f.: pol-lĭceor, *-lĭcĭtus sum, dep*. 2: se: per-dūco, *-duxi, -ductum*, 3: Sabīn-us, *-a, -um*: ĕqu-es, *-ĭtis*, m.: in: Rōmān-us, *-a, -um*: arx, *arcis*, f.
6. Omn-is, *-e*: fruor, *dep*., 3: mĕmŏri-a, *-ae*: tuus: ămīcĭti-a, *-ae*, f.: et: bĕnignĭt-as, *-ātis*, f.
7. Naut-a, *-ae*, m.: qui: hĕri: trāno, 1: port-us, *-ūs*: nāvĭgo, 1: cras: vel: Cypr-us, *-i*: vel: Rhŏd-us, *-i*.
8. Caesar: sub-ĭgo, *-ēgi, -actum*, 3: Remi, *plu*., m.: măneo, *mansi*, 2: dŏm-us, *-ūs*: quātuor: mens-is, *-is*, m.: cum: ux-or, *-ōris*: et: lībĕr-i, *-ōrum, plu*.
9. Hic: phĭlŏsŏph-us, *-i*, m.: ex-pello, *-pŭli, -pulsum*, 3: Cŏrinth-us, *-i*: dīcor, 3: dŏceo, 2: puer: Sўrācūs-ae, *-ārum, plu*.
10. Mŭli-er, *-ĕris*, f.: qui: mărīt-us, *-i*: et: frā-ter, *-tris*: inter-fĭcio, *-fēci*, 3: fleo, 2.
11. Sŏr-or, *-ōris*: et: ĕgo: stăt-uo, *-ui*, 3: măneo, 2: Cūm-ae, *-ārum, plu*.; aut: Brundŭsi-um, *-i*: tōt-us, *-a, -um*: aest-as, *-ātis*, f.
12. Hi-ems, *-ĕmis*: rĕdeo, *anom*., 4: cum: păr-ens, *-entis*: Crĕmōn-a, *-ae*.
13. Past-or, *-ōris*: dīco, *dixi*, 3: puell-a, *-ae*: is: sum: alt-us, *-a, -um*: suus: fīlius, m.
14. Caesar: jŭbeo, *jussi*, 2: cust-os, *-ōdis*: interfĭcio, 3: obs-es, *-ĭdis*, c.: qui: cōnor, *dep*., 1: effŭgio, 3: ex: castr-a, *-ōrum, plu*.

15. The senator promised **that-he would-give** the ploughman a cottage and five cows.
16. The general **said that-he** had-been-conquered by-craft.
17. The **boy asserts** that-his grandfather was richer than **your uncle.**
18. **The fisherman lives-on** the fish, which he-catches in the **river** with-hooks.
19. **Many** queens have-been endued with-great bravery and wisdom.
20. The girl, **to-whom we-gave the money, said** that-her-mother was-dying.

EXERCISE XXIV.

1. **Let-us-read the** books, which our-friends have-given us.
2. **You and I are-not** wise at-all hours.
3. Having-thrown-away his-stick, the sailor used his-fists.
4. This **boy is** endued with-very-great ability.
5. **The weary farmer, who** ploughs **the** fields the whole day, **returns home** in-the-evening.
6. **Let-us-cook the fish,** which we-have-caught in the lake with-a-hook.
7. **The knight** has-sold **the mare, which** he-bought at-Tarentum.
8. The **general, who** was-standing **with** his-lieutenants on the hill, caught-sight-of the **forces** of-the-enemy in the valley.
9. **This** lake, into which the **Rhone** flows with-incredible swiftness, **is fifty miles long and** thirteen **broad.**

15. Sĕnāt-or, -ōris, m. : pol-lĭceor, -lĭcĭtus sum, dep., 2 : se : do, dĕdi, dătum, 1 : ărāt-or, -ōris : căs-a, -ae : et : quinque : vacc-a, -ae, f.
16. Dux, dŭcis : dīco, dixi, 3 : se : vinco, vīci, victum, 3 : dŏl-us, -i.
17. Puer : affirmo, 1 : suus : ăv-us, -i, m. : sum : dīv-es, -ĭtis, adj. : tuus : ăvuncŭl-us, -i, m.
18. Piscāt-or, -ōris : vescor, dep., 3 : pisc-is, -is, m. : qui : căpio, 3 : in : flūm-en, -ĭnis : hām-us, -i.
19. Mult-us, -a, -um : rēgīn-a, -ae, f. : sum : praedĭt-us, -a, -um : magn-us, -a, -um : fortĭtūd-o, -ĭnis, f. : et : săpienti-a, -ae, f.
20. Puell-a, -ae, f. : qui : do, dĕdi, 1 : pĕcūni-a, -ae : dīco, dixi, 3 : mā-ter, -tris : mŏrior, dep., 3.

EXERCISE XXIV.

1. Lĕgo, 3 : lĭ-ber, -bri, m. : qui : ămīc-us, -i : do, dĕdi, 1 : ĕgo.
2. Tu : et : ĕgo : non : săpio, 3 : omn-is, -e : hōr-a, -ae, f.
3. Ab-jĭcio, -jēci, -jectum, 3 : băcŭl-um, -i, n. : naut-a, -ae, m. : ūtor, dep., 3 : pugn-us, -i.
4. Hic : puer, m. : sum : praedĭt-us, -a, -um : magn-us, -a, -um : ingĕni-um, -i, n.
5. Fess-us, -a, -um : agrĭcŏl-a, -ae, m. : qui : ăro, 1 : ăger, agri : tōt-us, -a, -um : dies, m. : rĕdeo, anom., 4 : dŏm-us, -ūs : vesp-er, -ĕri and -ĕris.
6. Cŏquo, 3 : pisc-is, -is, m. : qui : căpio, cēpi, 3 : in : lăc-us, -ūs : hām-us, -i.
7. Ĕqu-es, -ĭtis : ven-do, -dĕdi, 3 : ĕqu-a, -ae, f. : qui : ĕmo, ēmi, 3 : Tărent-um, -i.
8. Dux, dŭcis, m. : qui : sto, 1 : cum : lēgāt-us, -i : in : coll-is, -is : conspĭcor, dep., 1 : cōpi-ae, -ārum, plu. : host-is, -is : in : vall-is, -is.
9. Hic : lăc-us, -ūs, m. : in : qui : Rhŏdăn-us, -i : fluo, 3 : incrēdĭbĭl-is, -e : răpĭdĭt-as, -ātis, f. : sum : quinquāginta : mille passūs : long-us, -a, -um : et : trĕdĕcim : lāt-us, -a, -um.

10. These dogs, which are-accustomed to-bark the whole night, are troublesome to-the-neighbours.
11. No-one is-able to-count the flies, which these fishes devour in-one year.
12. We-perceive that-the-days are longer in-summer than in-winter.
13. The girl thinks that-the-spring is more-pleasant than the autumn.
14. The general will-lead-back his-soldiers into winter-quarters, from which he-led them in-the-fourth month.
15. On the return of spring [*say*, spring returning], the nightingales will-sing in the leafy groves.
16. In-five days we-shall-see the general, who says that-he has-conquered all his-foes.
17. Under the leadership of Pompey [*say*, Pompey being-leader], we-thought that-we should-easily overcome Caesar.
18. Having-cut-off Pompey's head, the Egyptians left his-corpse on the shore.
19. Having-set-out from-Genabum, Caesar would-have-marched to-Gergovia.
20. Tarquin, having-been-driven into exile from-Rome, collected a large army from-all-sides in Etruria.

10. Hic : căn-is, -is, c. : qui : sŏleo, 2 : latro, 1 : tōt-us, -a, -um : nox, noctis, f. : sum : mŏlest-us, -a, -um : vīcin-us, -i.
11. Nēmo : possum, anom. : ēnŭměro, 1 : musc-a, -ae, f. : qui : hic : pisc-is, -is, m. : dēvŏro, 1 : ūnus : ann-us, -i, m.
12. Sentio, 4 : dies, m. : sum : long-us, -a, -um : aest-as, -ātis : quam : hi-ems, -ĕmis.
13. Puell-a, -ae : pŭto, 1 : ver, vĕris, n. : sum : jūcund-us, -a, -um : auctumn-us, -i.
14. Dux, dŭcis : rĕdūco, 3 : mīl-es, -ĭtis : in : hībern-a, -ōrum plu., n. : e : qui : dūco, duxi, 3 : is : quart-us, -a, -um : mens-is, -is, m.
15. Ver, vĕris, n. : rĕdeo, anom., 4 : luscĭni-a, -ae : canto, 1 : in : frondōs-us, -a, -um : něm-us, -ŏris, n.
16. Quinque : dies, m. : vĭdeo, 2 : dux, dŭcis, m. : qui : dīco, 3 : se : vinco, vīci, 3 : omn-is, -e : host-is, -is, m.
17. Pompēius : dux, dŭcis : pŭto, 1 : ĕgo : făcĭle : sŭpĕro, 1 : Caes-ar, -ăris.
18. Ab-scindo, -scĭdi, -scissum, 3 : căput, n. : Pompēius : Aegyptii, plu. : rĕ-linquo, -līqui, 3 : cădāv-er, -ĕris : in : līt-us, -ŏris.
19. Prŏ-fĭciscor, -fectus sum, dep., 3 : Genăb-um, -i : Caesar, m. : ĭter făcio, fēci, 3 : Gergŏvi-a, -ae.
20. Tarquĭnius, m. : ē-jĭcio, -jēci, -jectum, 3 : in : exsĭli-um, -i : Rōm-a, -ae : cōgo, coēgi, 3 : magn-us, -a, -um : exercĭt-us, -ūs, m. : undĭque : in : Etrūri-a, -ae.

EXERCISE XXV.

1. Peace having-been-made, the citizens will-enjoy repose and safety.
2. You being-our-leaders, O-Brutus and Cassius, we-shall-overcome all our-enemies in-a-few months.
3. We-have-given a reward to-the-boy, whose diligence we-have-proved.
4. Poets relate that-Homer was blind.
5. Carthage having-been-destroyed, the Romans believed that-they surpassed all nations in-valour.
6. The ships, which came into the harbour from-Rhodes at-dawn, will-depart for-Alexandria at-midnight.
7. The spies, by whom this message was-brought to-Rome, have-been-led from the Forum into the Senate-house.
8. They-announced that-the-enemy had-pitched their-camp at the eighth milestone from the town at-the-fourth hour.
9. The master told his-pupils that-nothing was more-disgraceful than idleness.
10. The Gauls were-not able to-withstand the attack, which the Romans made on their-left wing.
11. The soldiers were-ordered to-fortify the city with-a-high rampart and a broad ditch.
12. Bind this man with-chains, O-guards, and throw him into prison without delay.
13. We-all know that-wisdom is better than wealth.

EXERCISE XXV.

1. Pax, *păcis*, f. : făcio, *fēci*, *factum*, 3 : cīv-is, *-is* : fruor, *dep.*, 3 : ōti-um, *-i* : et : săl-us, *-ūtis*.
2. Tu : dux, *dŭcis* : Brutus : et : Cassius : sŭpĕro, 1 : omn-is, *-e* : host-is, *-is*, m. : pauc-i, *-ae*, *-a* : mens-is, *-is*, m.
3. Do, *dĕdi*, 1 : praemi-um, *-i* : puer, m. : qui : dīlĭgenti-a, *-ae* : ex-pĕrior, *-pertus sum*, *dep.*, 4.
4. Poēt-a, *-ae* : narro, 1 : Hŏmēr-us, *-i* : sum : caec-us, *-a*, *-um*.
5. Carthāg-o, *-ĭnis*, f. : dēl-eo, *-ēvi*, *-ētum*, 2 : Rōmāni, *plu.* : crē-do, *-dĭdi*, 3 : se : prae-sto, *-stĭti*, 1 : omn-is, *-e* : gens, *gentis*, f. : virt-ūs, *-ūtis*.
6. Nāv-is, *-is*, f. : qui : vĕnio, *vēni*, 4 : in : port-us, *-ūs* : Rhŏd-us, *-i* : prīma lux, *prīmae lūcis* : ăbeo, *anom.*, 4 : Alexandri-a, *-ae* : mĕdia nox, *mĕdiae noctis*.
7. Spĕcŭlāt-or, *-ōris*, m. : a : qui : hic : nunti-us, *-i*, m. : affĕro, *attŭli*, *allātum*, 3 : Rōm-a, *-ae* : dūco, *duxi*, *ductum*, 3 : ex : Fŏr-um, *-i* : in : Cūri-a, *-ae*.
8. Nuntio, 1 : host-is, *-is* : pōno, *pŏsui*, 3 : castr-a, *-ōrum*, *plu.* : ad : octāv-us, *-a*, *-um* : lăp-is, *-ĭdis*, m. : ab : oppĭd-um, *-i* : quart-us, *-a*, *-um* : hōr-a, *-ae*, f.
9. Măgister : dīco, *dixi*, 3 : discĭpŭl-us, *-i* : nĭhil, *indecl.* n. : sum : turp-is, *-e* : ignāvi-a, *-ae*.
10. Galli, *plu.* : non : possum, *anom.* : sustĭneo, 2 : impĕt-us, *-ūs*, m. : qui : Rōmāni, *plu.* : făcio, *fēci*, 3 : in : laev-us, *-a*, *-um* : corn-u, *-ūs*, n.
11. Mīl-es, *-ĭtis*, m. : jŭbeo, *jussi*, *jussum*, 2 : mūnio, 4 : urbs, *urbis* : alt-us, *-a*, *-um* : vall-um, *-i*, n. : et : lāt-us, *-a*, *-um* : foss-a, *-ae*, f.
12. Vincio, 4 : hic : hŏm-o, *-ĭnis*, m. : cătēn-a, *-ae* : cust-os, *-ōdis* : et : conjĭcio, 3 : is : in : carc-er, *-ĕris* : sĭne : mŏr-a, *-ae*.
13. Omn-is, *-e* : scio, 4 : săpienti-a, *-ae*, f. : sum : mĕlior : dīvĭti-ae, *-ārum*, *plu.*

14. Having-assembled **the** army, the king commended the valour of-the-soldiers of-the-third legion, **who had-defended the camp** with-the-greatest bravery for-**seven hours.**
15. The **slave** killed **the** wolf with-the-sword, which **his** master had-left on-the-ground.
16. This town is-distant several miles from the sea.
17. The **girl** would-have-restored the **money** to-her-mother Cornelia.
18. **Many** poets have-lived at-Rome and at-Athens.
19. **In the** consulship of Pompey and Crassus [*say*, Pompey and Crassus being-consuls], **my** sister was-born **at-**Byzantium.
20. The work having-been-finished, the boys **rejoiced.**

14. Convŏco, 1 : exercĭt-us, -ūs, m. : rex, rēgis : collaudo, 1 : virt-ūs, -ūtis : mīl-es, -ĭtis, m. : terti-us, -a, -um : lĕgi-o, -ōnis, f. : qui : dē-fendo, -fendi, 3 : castr-a, -ōrum, plu. : magn-us, -a, -um : fortĭtūd-o, -ĭnis, f. : septem : hōr-a, -ae, f.
15. Serv-us, -i : inter-fĭcio, -fēci, 3 : lŭp-us, -i : glădi-us, -i, m. : qui : dŏmĭnus : rĕ-linquo, -līqui, 3 : hŭm-us, -i.
16. Hic : oppĭd-um, -i, n. : disto, 1 : ălĭquot, indecl. : mille passūs : a : măre.
17. Puell-a, -ae : red-do, -dĭdi, 3 : pĕcūni-a, -ae : mā-ter, -tris : Cornēli-a, -ae.
18. Mult-us, -a, -um : poēt-a, -ae, m. : hăbĭto, 1 : Rōm-a, -ae : et : Ăthēn-ae, -ārum, plu.
19. Pompēius : et : Crassus : cons-ul, -ŭlis : meus : sŏr-or, -ōris, f. : nascor, nātus sum, dep. 3 : Byzanti-um, -i.
20. Ŏpus, n. : fīnio, 4 : puer, m. : gaudeo, gāvīsus sum, semi-dep., 2.

PART III.

EXERCISE I.

Commands.

A.

(The Imperative Mood.)

1. Nourish your-young-ones, O-mothers.
2. Adorn the temples with-flowers, O-maidens.
3. Fill the cups with-wine, O-slave.
4. Imitate your-father Marcus, O-boys.
5. Fortify the camp with-a-rampart, O-soldiers.
6. Advance to the gates, O-companions.
7. Bind the prisoners with-chains, O-attendants.
8. Lead the soldiers through the town, O-Crassus.
9. Laugh and sing, O-girls.
10. Give me those needles, O-my daughter.

B.

(Let, the sign of the Present Conj.)

11. Let-us-break these windows with-stones.
12. Let-Brutus sharpen his-dagger.
13. Let-them-arouse the old-man with-shouts.
14. Let-the-master teach those boys.
15. Let-girls restrain their-anger.
16. Let-Caesar exhort the tenth legion.
17. Let-Carthage be-destroyed.
18. Let-us-follow our-brave leader.
19. Let-the-thieves be-punished.
20. Let-the-fields be-renewed with-the-ploughshare.

EXERCISE I.

Commands.

A.

1. Ălo, 3 : pull-us, -*i* : mā-ter, -*tris*.
2. Orno, 1 : templ-um, -*i* : flos, *flōris* : virgo.
3. Impleo, 2 : pōcŭl-um, -*i* : vīn-um, -*i* : serv-us, -*i*.
4. Imĭtor, *dep.*, 1 : păter : Marcus : puer.
5. Mūnio, 4 : castr-a, -*ōrum, plu.* : vall-um, -*i* : mīl-es, -*ĭtis*.
6. Prōgrĕdior, *dep.*, 3 : ad : port-a, -*ae* : cŏm-es, -*ĭtis*.
7. Vincio, 4 : captīv-us, -*i* : cătēn-a, -*ae* : mĭnis-ter, -*tri*.
8. Dūco, 3 : mīl-es, -*ĭtis* : per : oppĭd-um, -*i* : Crassus.
9. Rīdeo, 2 : et : canto, 1 : puell-a, -*ae*.
10. Do, 1 : ĕgo : ille : ăc-us, -*ūs*, f. : meus : fīli-a, -*ae*, f.

B.

11. Frango, 3 : hic : fĕnestr-a, -*ae*, f. : lăp-is, -*ĭdis*.
12. Brutus : ăcuo, 3 : pŭgi-o, -*ōnis*.
13. Excĭto, 1 : sĕn-ex, -*is* : clām-or, -*ōris*.
14. Măgister : dŏceo, 2 : ille : puer, m.
15. Puell-a, -*ae* : cohĭbeo, 2 : īr-a, -*ae*.
16. Caesar : hortor, *dep.*, 1 : dĕcĭm-us, -*a, -um* : lĕgio, -*ōnis*, f.
17. Carthāgo : dēleo, 2.
18. Sĕquor, *dep.*, 3 : fort-is, -*e* : dux, dŭ*cis*, m.
19. Fur, *fūris* : pūnio, 4.
20. Ăger, *agri* : rĕnŏvo, 1 : vōm-er, -*ĕris*.

EXERCISE II.

The Relative in the Nominative.

A.

1. The slave, who had-escaped from prison, was-lying-hid in a cavern.
2. The fierce dogs will-tear-in-pieces with-their-teeth the fox, which is-running through this wood.
3. This city, which is-being-besieged by the Gauls, is-called Narbo.
4. My uncle has-caught the thieves, who stole his-grapes.
5. The river, which flows between the Sequani and the Aedui, is deep and broad.
6. The farmer has-sold the black cows, which were-grazing in this meadow.
7. The soldiers will-cut-down the trees, which grow on these hills.
8. We, who have-been-wounded by-the-weapons of-the-enemy, despise you, who fled from the battle.
9. You, who have-been-made king to-day, will-set-free the slaves, who dwell-in this island.
10. The shepherd, who was-shearing the sheep, pointed-out the dead-body of-the-wolf to-us, who were-walking in the valley.

EXERCISE II.

The Relative in the Nominative.

A.

1. Serv-us, -*i*, m. : qui : ef-fŭgio, -*fūgi*, 3 : e : carc-er, -*ĕris* : lăteo, 2 : in : spēlunc-a, -*ae*.
2. Fĕr-ox, -*ōcis*, *adj.* : căn-is, -*is*, c. : dĭlănio, 1 : dens : vulp-es, -*is*, f. : qui : curro, 3 : per : hic : silv-a, -*ae*, f.
3. Hic : urbs, *urbis*, f. : qui : obsĭdeo, 2 : a : Galli, *plu.* : vŏcor, 1 : Narb-o, -*ōnis*.
4. Meus : ăvuncŭl-us, -*i*, m. : căpio, *cēpi*, 3 : fur, *fūris*, c. : qui : sur-rĭpio, -*rĭpui*, 3 : ūv-a, -*ae*.
5. Flūm-en, -*ĭnis*, n. : qui : fluo, 3 : inter : Sequăni, *plu.* : et : Aedui, *plu.* : sum : alt-us, -*a*, -*um* : et : lāt-us, -*a*, -*um*.
6. Agrĭcŏl-a, -*ae* : ven-do, -*dĭdi*, 3 : nĭger : vacc-a, -*ae*, f. : qui : pascor, 3 : in : hic : prāt-um, -*i*, n.
7. Mīl-es, -*ĭtis* : succīdo, 3 : arb-or, -*ŏris*, f. : qui : cresco, 3 : in : hic : coll-is, -*is*, m.
8. Ĕgo : qui : vulnĕro, 1 : tēl-um, -*i* : host-is, -*is* : sperno, 3 : tu : qui : fŭgio, *fūgi*, 3 : ex : proeli-um, -*i*.
9. Tu : qui : fīo, *factus sum, anom.* : rex, *rēgis* : hŏdiē : lībĕro, 1 : serv-us, -*i*, m. : qui : incŏlo, 3 : hic : insŭl-a, -*ae*, f.
10. Past-or, -*ōris*, m. : qui : tondeo, 2 : ŏv-is, -*is* : monstro, 1 : cădāv-er, -*ĕris* : lŭp-us, -*i* : ĕgo : qui : ambŭlo, 1 : in : vall-is, -*is*.

EXERCISE II.—*continued*.

B.

11. The youth, having-been-frightened by-the-lightning, ran into the house.
12. The soldiers, who are-fighting very-fiercely for their-country, will-be-praised by the citizens.
13. Let-hunters kill the bears, which have-come-down from the mountains.
14. Pluck roses and violets in this garden, O-maidens.
15. Orestes, having-avenged the death of-his-father Agamemnon, fled from the city.
16. We-have-caught the mice, which ate the cheese.
17. The farmer has-beaten the dog, which worried the lambs, with-his-stick.
18. This river flows into the sea with-incredible swiftness.
19. The winds, which howled around the peaks of-these mountains, tore-off the roofs of-many cottages.
20. Let-the-cruel man, who killed the two maidens in the thick wood, be-punished with-the-utmost severity by the just judge.

EXERCISE II.—*continued.*

B.

11. Ădŏlesc-ens, *-entis*, m. : terreo, 2 : fulm-en, *-ĭnis* : curro, *cŭcurri*, 3 : in : aed-es, *-ium, plu.*
12. Mīl-es, *-ĭtis*, m. : qui : pugno, 1 : acrĭter : pro : patri-a, *-ae* : laudo, 1 : a : cīv-is, *-is.*
13. Vēnāt-or, *-ōris* : interfĭcio, 3 : urs-us, *-i*, m. : qui : descendo, *-scendi*, 3 : de : mons, *montis.*
14. Carpo, 3 : rŏs-a, *-ae* : et : viŏl-a, *-ae* : in : hic : hort-us, *-i*, m. : virgo.
15. Orestes, m. : ulciscor, *ultus sum, dep.*, 3 : mors, *mortis* : păter : Agămemn-on, *-ŏnis* : fŭgio, *fūgi*, 3 : ex : urbs, *urbis.*
16. Căpio, *cēpi*, 3 : mūs, *mūris*, c : qui : ĕdo, *ēdi*, 3 : cāse-us, *-i.*
17. Agrĭcŏl-a, *-ae* : verbĕro, 1 : căn-is, *-is*, c. : qui : lănio, 1 : agn-us, *-i* : fust-is, *-is.*
18. Hic : flūm-en, *-ĭnis*, n. : fluo, 3 : in : măre : incrēdĭbĭl-is, *-e* : răpĭdĭt-as, *-ātis*, f.
19. Vent-us, *-i*, m. : qui : frĕm-o, *-ui*, 3 : circum : căcūm-en, *-ĭnis* : hic : mons, *montis*, m. : ab-rumpo, *-rūpi*, 3 : tect-um, *-i* : mult-us, *-a, -um* : căs-a, *-ae*, f.
20. Crūdēl-is, *-e* : hŏm-o, *-ĭnis*, m. : qui : oc-cīdo, *-cīdi*, 3 : duo : virgo, f. : in : dens-us, *-a, -um* · silv-a, *-ae*, f. : pūnio, 4 : summ-us, *-a, -um* : sĕvĕrĭt-as, *-ātis*, f. : a : just-us, *-a, -um* : jūdex, m.

EXERCISE III.

The Relative in the Accusative.

A.

1. The general thus addressed the soldiers, whom he-had-assembled.
2. Caesar sent-forward the legion, which he-had-lately enrolled in Italy.
3. The town, which you-have-seen to-day, is-called Mantua.
4. The barbarians endeavoured to-cut-down the bridge, which Caesar had-made over the river Rhine.
5. The consul will-put-to-death the conspirators, whom the guards have-arrested.
6. The journey, which we-have-finished to-day, was very-long.
7. The shields, which the soldiers have-thrown-away, will-be-left in the road.
8. Gaul, which Caesar subdued, was-divided into three parts.
9. Cyrus will-set-out at-once with the army, which he-has-raised.
10. The depth of-the-river, which we-crossed yesterday, was very-great.

EXERCISE III.

The Relative in the Accusative.

A.

1. Dux, *dŭcis*, m. : ĭta : al-lŏquor, *-lŏcūtus sum, dep.*, 3 : mīl-es, *-ĭtis*, m. : qui : convŏco, 1.
2. Caesar : prae-mitto, *-mīsi*, 3 : lĕgi-o, *-ōnis*, f. : qui : nūper : con-scrībo, *-scripsi*, 3 : in : Ităli-a, *-ae.*
3. Oppĭd-um, *-i*, n. : qui : vĭdeo, *vīdi*, 2 : hŏdiē : vŏcor, 1 : Mantu-a, *-ae.*
4. Barbăr-i, *-ōrum, plu.*, m. : cōnor, *dep.*, 1 : rescindo, 3 : pons, *pontis*, m. : qui : Caesar : făcio, *fēci*, 3 : in : flūm-en, *-ĭnis* : Rhēn-us, *-i.*
5. Cons-ul, *-ŭlis* : nĕco, 1 : conjūrāt-i, *-ōrum, plu.*, m. : qui : cust-os, *-ōdis* : com-prĕhendo, *-prĕhendi*, 3.
6. Iter, *ĭtĭnĕris*, n. : qui : con-fĭcio, *-fēci*, 3 : hŏdiē : sum : long-us, *-a, -um.*
7. Scūt-um, *-i*, n. : qui : mīl-es, *-ĭtis* : ab-jĭcio, *-jēci*, 3 : rĕlinquo, 3 : in : vi-a, *-ae.*
8. Galli-a, *-ae*, f. : qui : Caesar : sub-ĭgo, *-ēgi*, 3 : dī-vĭdo, *-vīsi, -vīsum*, 3 : in : tres : pars, *partis*, f.
9. Cyrus : prŏfĭciscor, *dep.*, 3 : stătim : cum : exercĭt-us, *-ūs*, m. : qui : compăro, 1.
10. Altĭtūd-o, *-ĭnis*, f. : flūmen, *-ĭnis*, n. : qui : trans-eo, *-ii, anom.*, 4. hĕri : sum : magn-us, *-a, -um.*

EXERCISE III.—*continued.*

B.

11. Our knights, having-crossed the river with the slingers and archers, joined battle with the enemy's cavalry.
12. The cat, which has so-many kittens, will-catch many mice.
13. No-one can number the stars, which God has-placed in the sky.
14. The state was-saved by-the-prudence of-one-man.
15. The boy and the girl have-seen the body of-the-lion, which Marcus and Lucius have-killed.
16. I, who have-always despised riches, am-considered a very-wise philosopher.
17. Caesar, alarmed by-these reports, hastened by-forced marches into Further Gaul.
18. The soldier will-kill with-his-sword the horse, which has-been-wounded by-the-javelins of-the-enemy.
19. The snow, which has-covered the hills to-day, will-melt to-morrow.
20. Let-the-old-man and the boy laugh.

EXERCISE III.—*continued.*

B.

11. Noster : ĕq-ues, *-ĭtis*, m. : trans-grĕdior, *-gressus sum, dep.*, 3 : flūm-en, *-ĭnis* : cum : fundĭt-or, *-ōris* : et : săgittāri-us, *-i* : **com-mitto**, *-mīsi*, 3 : **proeli-um**, *-i* : **cum** : ĕquĭtāt-us, *-ūs* : host-is, *-is*.

12. Fēl-es, *-is*, f. : qui : hăbeo, 2 : tot, *indecl.* : cătŭl-us, *-i*, m. : căpio, 3 : mult-us, *-a, -um* : mūs, *mūris*, c.

13. Nēmo : possum, *anom.* : nŭmĕro, 1 : stell-a, *-ae*, f. : qui : Deus : pōno, *pŏsui*, 3 : in : cael-um, *-i*.

14. Respublĭca, *rēipublĭcae*, **f.** : **servo, 1** : **prūdenti-a**, *-ae* : ūnus.

15. Puer : et : puell-a, *-ae* : **vĭdeo**, *vīdi*, 2 : cădāv-er, *-ĕris* : le-o, *-ōnis*, m. : qui : **Marcus** : et : Lucius : inter-fĭcio, *-fēci*, 3.

16. Ĕgo : qui : **semper** : con-temno, *-tempsi*, 3 : dīvĭti-ae, *-ārum, plu.* : hăbeor, 2 : săpi-ens, *-entis, adj.* : phĭlŏ-sŏph-us, *-i*, **m.**

17. Caesar : com-mŏveo, *-mōvi, -mōtum*, 2 : hic : rūm-or, *-ōris*, m. : **con-tendo**, *-tendi*, 3 : magn-us, *-a, -um* : ĭter, *ĭtĭnĕris*, n. : in : ultĕri-or, *-us* : Galli-a, *-ae*, f.

18. Mīl-es, *-ĭtis* : **inter-fĭcio, 3** : glădi-us, *-i* : ĕqu-us, *-i*, **m.** : qui : vulnĕro, 1 : jăcŭl-um, *-i* : host-is, *-is*.

19. Nix, *nĭvis*, **f.** : qui : tĕgo, *texi*, **3** : coll-is, *-is* : hŏdiē : lĭquesco, 3 : cras.

20. **Sĕnex** : et : puer : rīdeo, 2.

EXERCISE IV.

The Relative in the Genitive, Dative, and Ablative.

A.

1. The boy, to-whom I-gave the bow and arrows, is-called Caius.
2. The conqueror, whose head we-have-adorned with-a-garland, will-remain outside the walls of-the-city.
3. The soldier drew-out the spear, with-which his-leg had-been-pierced, with-his-own hand.
4. This man, by whom the republic has-been-saved, is the consul of-the-Roman People.
5. The merchants, whose horses have-been-killed by the robbers, have-come into the city.
6. The women, whose daughters we-love, are very-rich.
7. Let-the-soldiers, to-whom the general has-promised all the booty, fight bravely for their-country and house-hold-gods.
8. The city, from which we-fled, was-being-besieged by Labienus.
9. The sailor has-lost the knife, with-which he-cut the rope.
10. The letters, about which we-spoke yesterday, shall-be-written.

EXERCISE IV.

The Relative in the Genitive, Dative, and Ablative.

A.

1. Puer, m. : qui : do, *dĕdi*, 1 : arc-us, *-ūs* : et : săgitt-a, *-ae* : vŏcor, 1 : Caius.

2. Vict-or, *-ōris*, m. : qui : căput : orno, 1 : cŏrōn-a, *-ae* : măneo, 2 : extra : moen-ia, *-ium, plu.* : urbs, *urbis*.

3. Mīl-es, *-ĭtis* : ex-trăho, *-traxi*, 3 : hast-a, *-ae*, f. : qui : crus, n. : trans-fīgo, *-fixi, -fixum*, 3 : suus : măn-us, *-ūs*, f.

4. Hic : vir, *vĭri*, m. : a : qui : respublĭca, *reīpublĭcae*, f. : servo, 1 : sum : cons-ul, *-ŭlis* : Rōmān-us, *-a, -um* : Pŏpŭl-us, *-i*, m.

5. Mercāt-or, *-ōris*, m. : qui : ĕqu-us, *-i*, m. : inter-fĭcio, *-fēci, -fectum*, 3 : a : latr-o, *-ōnis* : vĕnio, *vēni*, 4 : in : urbs, *urbis*.

6. Mŭli-er, *-ĕris*, f. : qui : fīli-a, *-ae* : ămo, 1 : sum : dīv-es, *-ĭtis, adj.*

7. Mīl-es, *-ĭtis*, m. : qui : dux, *dŭcis* : prō-mitto, *-mīsi*, 3 : omn-is, *-e* : praed-a, *-ae*, f. : pugno, 1 : fortĭter : pro : patri-a, *-ae* : et : Pĕnāt-es, *-ium, plu.*

8. Urbs, *urbis*, f. : ex : qui : fŭgio, *fūgi*, 3 : obsĭdeo, 2 : a : Lăbiēnus.

9. Naut-a, *-ae* : ā-mitto, *-mīsi*, 3 : cul-ter, *-tri*, m. : qui : sĕco, *sĕcui*, 1 : fūn-is, *-is*.

10. Ĕpistŏl-a, *-ae*, f. : de : qui : dīco, *dixi*, 3 : hĕri : scrībo, 3.

EXERCISE IV.—*continued.*

B.

11. The legions, which Caesar **lately enrolled, will-arrive in** Gaul before the twentieth **day.**
12. **Let-the-boys,** to-whom the slaves are-pointing-out the road, return to **the** city without delay.
13. **The** cat has-eaten the young-ones of-the-thrush, which **built its-nest in this hedge.**
14. **Let-us-set-free the slaves, whose** fidelity we-have-proved.
15. **Send-forward** all the cavalry to the river, O-Crassus.
16. This girl's friend has a very-lofty **house and** a delightful **garden.**
17. **Julia has-sent this letter to me,** her-husband.
18. **The** boys were-unwilling to-swim-across the river.
19. **The robbers,** by whom **our** companions were-killed, have-been-thrown into chains.
20. **The girls** would-have-been-frightened by-the-shouts of-the-boys.

EXERCISE IV.—*continued.*

B.

11. Lĕgi-o, *-ōnis*, f. : qui : Caesar : nūper : con-scrībo, *-scripsi*, 3 : pervĕnio, 4 : in : Galli-a, *-ae* : ante : vīcēsĭm-us, *-a, -um* : dies, m.[1]

12. Puer, m. : qui : serv-us, *-i* : monstro, 1 : vĭ-a, *-ae* : rĕdeo, *anom.*, 4 : in : urbs, *urbis* : sĭne : mŏr-a, *-ae*.

13. Fēl-es, *-is* : ĕdo, *ēdi*, 3 : pull-us, *-i* : turd-us, *-i*, m. : qui : con-struo, *-struxi*, 3 : nīd-us, *-i* : in : hic : saep-es, *-is*, f.

14. Lībĕro, 1 : serv-us, *-i*, m. : qui : fĭdēlĭt-as, *-ātis* : ex-pĕrior, *-pertus sum, dep.*, 4.

15. Praemitto, 3 : omn-is, *-e* : ĕquĭtāt-us, *-ūs*, m. : ad : flūm-en, *-ĭnis* : Crassus.

16. Hic : puell-a, *-ae*, f. : ămīc-us, *-i* : hăbeo, 2 : alt-us, *-a, -um* : dŏm-us, *-ūs*, f. : et : ămoen-us, *-a, -um* : hort-us, *-i*, m.

17. Julia : mitto, *mīsi*, 3 : hic : līter-ae, *-ārum*, *plu.*, f. : ad : ĕgo : mărīt-us, *-i*.

18. Puer : nōlo, *anom.*, : trāno, 1 : flūm-en, *-ĭnis*.

19. Latr-o, *-ōnis*, m. : a : qui : noster : cŏm-es, *-ĭtis*, c. : occīdo, *-cīdi, -cīsum*, 3 : conjĭcio, *-jēci, -jectum*, 3 : in : vincŭl-um, *-i*.

20. Puell-a, *-ae*, f. : terreo, 2 : clām-or, *-ōris* : puer.

---

[1] *Dies* is sometimes feminine in the singular.

EXERCISE V.

The Ablative of the Thing Compared.

A.

1. This general is-considered more-skilful than Crassus.
2. Caesar had no lieutenant more-faithful than Labienus.
3. We-have-seen to-day a city, which is more-beautiful than London.
4. Nothing is more-disgraceful than cowardice.
5. This boy would-have-become wiser than his-sister.
6. The father of-these maidens is-said to-be richer than the queen.
7. No animal is more-sagacious than the elephant.
8. The country is more-pleasant than the town.
9. I am wiser than you or your brother.
10. We-have-never killed a larger bird than this eagle.

EXERCISE V.

The Ablative of the Thing Compared.

A.

1. Hic : dux, *dŭcis*, m. : hăbeor, 2 : pĕrīt-us, -*a*, -*um* : Crassus.
2. Caesar : hăbeo, 2 : null-us, -*a*, -*um* : lēgāt-us, -*i*, m. : fĭdēl-is, -*e* : Labiēnus.
3. Vĭdeo, *vīdi*, 2 : hŏdĭē : urbs, *urbis*, f. : qui : sum : pulcher, -*chra*, -*chrum* : Londīni-um, -*i*.
4. Nĭhil, *indecl.*, n. : sum : turp-is, -*e* : ignāvi-a, -*ae*.
5. Hic : puer, m. : fīo, *factus sum, anom.* : săpi-ens, -*entis*, *adj.* : sŏr-or, -*ōris*.
6. Păter, m. : hic : virgo, f. : dīcor, 3 : sum : dīv-es, -*ĭtis*, *adj.* : rēgĭn-a, -*ae*.
7. Null-us, -*a*, -*um* : ănĭmal, n. : sum : săg-ax, -*ācis*, *adj.* : ĕlĕphant-us, -*i*.
8. Rus, *rūris*, n. : sum : jūcund-us, -*a*, -*um* : oppĭd-um, -*i*.
9. Ĕgo : sum : săpi-ens, -*entis*, *adj.* : tu : vel : tuus : frā-ter, -*tris*, m.
10. Nunquam : inter-fĭcio, -*fĕci*, 3 : magn-us, -*a*, -*um* : ăv-is, -*is*, f. : hic : ăquĭl-a, -*ae*, f.

EXERCISE V.—*continued.*

B.

11. Cacus is-said to-have-dragged the oxen, which he-had-stolen, into a cave by-their-tails.
12. The slave was-walking with his-master Balbus under the shade of-the-oak.
13. The conqueror has-given all the booty to-the-citizens.
14. The Romans, having-been-overcome by Hannibal at Cannae, raised a fresh army without delay.
15. Having-avenged the murder of-his-brother, the merchant would-have-departed.
16. Caesar sent a detachment of-his-cavalry into the territory of-the-Ruteni.
17. The cat will-catch the mouse which she-is-pursuing.
18. The Britons were-frightened by-the-size of-the-Roman ships.
19. Yesterday the hills were green, but to-day they-are white with-snow.
20. The general would-have-surrounded the city, which he-was-besieging, with-a-rampart and a ditch.

EXERCISE V.—*continued.*

B.

11. Cācus : dīcor, 3 : trăho, *traxi*, 3 : bos, bŏvis, c. : qui : ab-ĭgo, *-ēgi*, 3 : in : antr-um, *-i* : caud-a, *-ae*.
12. Serv-us, *-i* : ambŭlo, 1 : cum : dŏmĭnus : Balbus : sub : umbr-a, *-ae* : querc-us, *-ūs*.
13. Vict-or, *-ōris* : do, *dĕdi*, 1 : omn-is, *-e* : praed-a, *-ae*, f. : cīv-is, *-is*.
14. Rōmāni, *plu.*, m. : sŭpĕro, 1 : ab : Hannĭb-al, *-ălis* : ăpud : Cann-ae, *-ārum*, *plu.* : compăro, 1 : nŏv-us, *-a*, *-um* : exercĭt-us, *-ūs*, m. : sĭne : mŏr-a, *-ae*.
15. Ulciscor, *ultus sum*, *dep.*, 3 : caed-es, *-is* : frā-ter, *-tris* : mercāt-or, *-ōris*, m. : dis-cēdo, *-cessi*, 3.
16. Caesar : mitto, *mīsi*, 3 : pars, *partis* : ĕquĭtāt-us, *-ūs* : in : fīn-es, *-ium*, *plu.* : Rŭtēni, *plu.*
17. Fēl-es, *-is* : căpio, 3 : mus, *mūris*, c. : qui : sĕquor, *dep.*, 3.
18. Brĭtanni, *plu.*, m. : terreo, 2 : magnĭtūd-o, *-ĭnis* : Rōmān-us, *-a*, *-um* : nāv-is, *-is*, f.
19. Hĕri : coll-is, *-is*, m. : sum : vĭrĭd-is, *-e* : sed : hŏdiē : sum : candĭd-us, *-a*, *-um* : nix, *nĭvis*.
20. Dux, *dŭcis* : cingo, *cinxi*, 3 : urbs, *urbis*, f. : qui : obsĭdeo, 2 : vall-um, *-i* : et : foss-a, *-ae*.

EXERCISE VI.

Motion to and from a Town.[1]

A.

1. The ambassadors have-returned from-Noricum to-Rome.
2. These sailors will-sail from-Cyprus to-Alexandria.
3. We are-going home, but you will-return to-the-country.
4. Messengers have-been-sent from-Carthage to-Syracuse.
5. The king, having-been-expelled from-Byzantium, hastened to-Thebes.
6. Ovid, who is-about-to-depart from-home, has-embraced his-wife and friends.
7. Tarquin sent a slave from-Rome to-Gabii.
8. Cicero will-go from-Rhodes to-Athens.
9. Alexander, having-returned to-Babylon, died there.
10. The ploughman's wife was-going into the city from-the-country.

[1] N.B.—Domus, *home*, rus, *the country*, and names of small islands, follow the same rule as names of towns.

EXERCISE VI.

Motion to and from a Town.

A.

1. Lēgāt-us, -*i* : rĕd-eo, -*ii, anom.*, 4 : Nōrĭc-um, -*i* : Rōm-a, -*ae*.
2. Hic : naut-a, -*ae*, m. : nāvĭgo, 1 : Cypr-us, -*i* : Ălexandri-a, -*ae*.
3. Ĕgo : eo, *anom.*, 4 : dŏm-us, -*ūs* : sed : tu : rĕdeo, *anom.*, 4 : rus, *rūris*.
4. Nunti-us, -*i*, m. : mitto, *mīsi*, *missum*, 3 : Carthāg-o, -*ĭnis*: Sўrācūs-ae, -*ārum, plu.*
5. Rex, *rēgis*, m. : ex-pello, -*pŭli*, -*pulsum*, 3 : Bўzanti-um, -*i* : festīno, 1 : Thēb-ae, -*ārum, plu.*
6. Ovĭdius, m. : qui : ăb-eo, -*ii*, -*ĭtum*, *anom.*, 4 : dŏm-us, -*ūs* : am-plector, -*plexus sum, dep.*, 3 : ux-or, -*ōris* : et : ămīc-us, -*i*.
7. Tarquĭnius : mitto, *mīsi*, 3 : serv-us, -*i* : Rōm-a, -*ae* : Găbi-i, -*ōrum, plu.*
8. Cĭcĕro : eo, *anom.*, 4 : Rhŏd-us, -*i* : Ăthēn-ae, -*ārum, plu.*
9. Ălexander, m. : re-grĕdior, -*gressus sum, dep.*, 3 : Băbўl-on, -*ōnis* : mŏrior, *mortuus sum, dep.*, 3 : ĭbi.
10. Ux-or, -*ōris* : ărāt-or, -*ōris* : eo, *anom.*, 4 : in : urbs, *urbis* : rus, *rūris*.

EXERCISE VI.—*continued.*

B.

11. The queen will-shut the door with-her-own hand.
12. Vercingetorix, having-been-expelled from-Gergovia, collected forces from-all-sides in the fields.
13. "Let-us-return to-Zama," cried Hannibal, "and drive-away the enemy, who have-invaded our-country."
14. The dogs were-following the stag through the wood.
15. The ambassadors, who are-treating with the consul about peace, will-return to Africa from-Rome to-morrow.
16. Bind the pirates with-chains, O-attendants, and cast them into prison.
17. The boy has-bought twelve apples with-the-money which Pompey gave him.
18. The ships, in which the poets were-being-carried home, have-been-shattered by-the-violence of-the-storm.
19. We, who inhabit this island, are-called Britons.
20. The dangers, which we-have-avoided, were very-great.

EXERCISE VI.—*continued.*

B.

11. Rēgīn-a, *-ae* : claudo, 3 : jānu-a, *-ae* : suus : măn-us *-ūs,* f.
12. Vercingetŏrix, m. : ex-pello, *-pŭli, -pulsum,* 3 : Gergŏvi-a, *-ae* : cōgo, *coēgi,* 3 : cōpi-ae, *ārum, plu.* : undĭque : in : ăger, *agri.*
13. Rĕdeo, *anom.*, 4 : Zăm-a, *-ae* : exclāmo, 1 : Hannĭb-al, *-ălis* : et : exĭgo, 3 : host-is, *-is,* m. : qui : in-vādo, -vāsi, 3 : patri-a, *-ae.*
14. Căn-is, *-is* : sĕquor, *dep.*, 3 : cerv-us, *-i* : per : silv-a, *-ae.*
15. Lēgāt-us, *-i,* m. : qui : ăgo, 3 : cum : cons-ul, *-ŭlis* : de : pax, *pācis* : rĕdeo, *anom.*, 4 : in : Afrĭc-a, *-ae* : Rōm-a, *-ae* : cras.
16. Vincio, 4 : praed-o, *-ōnis* : cătēn-a, *-ae* : mĭnis-ter, *-tri* : et : conjĭcio, 3 : is : in : carc-er, *-ĕris.*
17. Puer : ĕmo, *ēmi,* 3 : duŏdĕcim : māl-um, *-i,* n. : pĕcūni-a, *-ae,* f. : qui : Pompēius : do, *dĕdi,* 1 : is.
18. Nāv-is, *-is,* f. : in : qui : poēt-a, *-ae* : vĕho, 3 : dŏm-us, *-ūs* : quasso, 1 : vis, *defect.* : prŏcell-a, *-ae.*
19. Ĕgo : qui : incŏlo, 3 : hic : insŭl-a, *-ae,* f. : vŏcor, 1 : Brĭtanni, *plu.*
20. Pĕrīcŭl-um, *-i,* n. : qui : vīto, 1 : sum : magn-us, *-a, -um.*

EXERCISE VII.

The Locative.[1]

A.

1. The general left three legions at-Cremona.
2. My-father and I have-lived for-a-long-time both at-Rhodes and at-Thebes.
3. I wish to-remain at-home, but you prefer to-pass your-life in-the-country.
4. The bodies of-the-soldiers, who had-been-slain at-Saguntum, were-left on-the-ground.
5. The old-man was-living either at-Athens or at-Sardis.
6. Caesar intrusted to-Brutus, his-lieutenant, the two legions, which were-halting at-Agendicum.
7. These men have-displayed valour neither at-home nor at-the-wars.
8. Alexander is-said to-have-died at-Babylon.
9. Many merchants live at-Cadiz and at-Marseilles.
10. The enemy pitched their-camp at-Naples.

---

[1] N.B. Domi, *at home;* humi, *on the ground;* ruri, *in the country;* vesperi, *in the evening;* belli *and* militiae, *at the wars.*

EXERCISE VII.

The Locative.

A.

1. Dux, *dŭcis* : rĕ-linquo, *-līqui*, 3 : tres : lĕgĭ-o, *-ōnis*, f. : Crĕmōn-a, *-ae*.

2. Păter : et : ĕgo : hăbĭto, 1 : diu : et : Rhŏd-us, *-i* : et : Thēb-æ, *-ārum, plu.*

3. Ĕgo : vŏlo, *anom.* : măneo, 2 : dŏm-us, *-ūs* : sed : tu : mālo, *anom.,* : ăgo, 3 : vīt-a, *-ae* : rus, *rūris*.

4. Cădāv-er, *-ĕris*, n. : mīl-es, *-ĭtis*, m. : qui : inter-fĭcio, *-fēci, -fectum*, 3 : Săgunt-um, *-i* : rĕ-linquo, *-līqui, -lictum*, 3 : hŭm-us, *-i*.

5. Sĕn-ex, *-is* : hăbĭto, 1 : aut : Ăthēn-ae, *-ārum, plu.* : aut : Sard-es, *-ium, plu.*

6. Caesar : com-mitto, *-mīsi*, 3 : Brutus : lēgāt-us, *-i* : duo : lĕgĭ-o, *-ōnis*, f. : qui : consisto, 3 : Agendĭc-um, *-i*.

7. Hic : hŏm-o, *-ĭnis*, m. : prae-sto, *-stĭti*, 1 : virt-us, *-ūtis* : nĕque : dŏm-us, *-ūs* : nĕque : bellum.

8. Ălexander, m. : dīcor, 3 : mŏrior, *mortuus sum*, 3 : Băbўl-on, *-ōnis*.

9. Mult-us, *-a, -um* : mercāt-or, *-ōris*, m. : hăbĭto, 1 : Gād-es, *-ium plu.,* : et : Massĭli-a, *-ae*.

10. Host-is, *-is* : pōno, *pŏsui*, 3 : castr-a, *-ōrum, plu.* : Neāpŏl-is, *-is*.

EXERCISE VII.—*continued*.

B.

11. The queen, having-been-condemned by the judge, embraced her-children in-the-presence-of the people.
12. The farmer, whom we-have-thrown into prison, would-have-paid the money.
13. They-were-unwilling to-remain either at-Rome or at-Baiae.
14. The soldiers, having-avenged the death of-their-companions, returned home.
15. My uncle passes his-life at-Miletus and at-Syracuse.
16. The legions, which halted at-Gabii in-the-evening, will-advance to-Veii to-day.
17. The boys were-lying on-the-ground beneath the oak, which grows in the meadow.
18. The slave, having-followed his-master, heard the shouts of-the-conquerors.
19. Hannibal, by whom the Romans were-often defeated, was a more-famous general than Crassus.
20. The moon is-said to-be smaller than the earth.

EXERCISE VII.—*continued.*

B.

11. Rēgīn-a, -*ae*, f. : condemno, 1 : a : jūdex : am-plector, -*plexus sum, dep.*, 3 : līber-i, -*ōrum, plu.* : cōram : pŏpŭl-us, -*i.*
12. Agrĭcŏl-a, -*ae*, m. : qui : con-jĭcio, -*jēci*, 3 : in : carc-er, -*ĕris* : solvo, *solvi*, 3 : pĕcūni-a, -*ae.*
13. Nōlo, *anom.*, : măneo, 2 : aut : Rōm-a, -*ae* : aut : Bai-ae, -*ārum, plu.*
14. Mīl-es, -*ĭtis*, m. : ulciscor, *ultus sum, dep.* 3 : mors, *mortis* : cŏm-es, -*ĭtis* : rĕd-eo, -*ii, anom.*, 4 : dŏm-us, -*ūs.*
15. Meus : ăvuncŭl-us, -*i*, m. : ăgo, 3 : vīt-a, -*ae* : Mīlēt-us, -*i* : et : Sўrācūs-ae, -*ārum, plu.*
16. Lĕgi-o, -*ōnis*, f. : qui : con-sisto, -*stĭti*, 3 : Găbi-i, -*ōrum, plu.* : vesp-er, -*ĕri* and -*ĕris* : prōgrĕdior, *dep.*, 3 : Vēi-i, -*ōrum, plu.* : hŏdiē.
17. Puer : jăceo, 2 : hŭm-us, -*i* : sub : querc-us, -*ūs*, f. : qui : cresco, 3 : in : prāt-um, -*i.*
18. Serv-us, -*i*, m. : sĕquor, *sĕcūtus sum, dep.*, 3 : dŏmĭnus : audio, 4 : clām-or, -*ōris* : vict-or, -*ōris.*
19. Hannĭbal, m. : a : qui : Rōmāni, *plu.*, m. : saepe ; vinco, vīci, *victum*, 3 : sum : clār-us, -*a*, -*um* : dux, *dūcis*, m. : Crassus.
20. Lūn-a, -*ae*, f. : dīcor, 3 : sum : parv-us, -*a*, -*um* : terr-a, -*ae.*

EXERCISE VIII.

The Ablative of Time.

A.

1. In-summer the poppies bloom in the fields.
2. The Gauls were-conquered in-the-tenth year.
3. The war was-finished in-the-winter.
4. Caesar and Pompey set-out on-the-same day.
5. The ships came into the harbour at-the-sixth hour.
6. The swallows, which departed from this island in-the-autumn, will-return in-spring.
7. The city was-taken on-the-third day.
8. The old-woman will-die in-a-few hours.
9. Caesar lived many years after Romulus.
10. In-that year Saguntum was-taken by Hannibal.

EXERCISE VIII.

The Ablative of Time.

A.

1. Aest-as, -*ātis*: păpāv-er, -*ĕris*: flōreo, 2: in: ăger, *agri*.
2. Galli, *plu.*, m.: vinco, *vīci, victum*, 3: dĕcĭm-us, -*a, -um*: ann-us, -*i*, m.
3. Bellum, n.: con-fĭcio, -*fēci, -fectum*, 3: hi-ems, -*ĕmis*.
4. Caesar: et: Pompēius: prŏ-fĭciscor, -*fectus sum, dep.*, 3: īdem: dies, m.
5. Nāv-is, -*is*: vĕnio, *vēni*, 4: in: port-us, -*ūs*: sext-us, -*a, -um*: hōr-a, -*ae*, f.
6. Hĭrund-o, -*ĭnis*, f.: qui: migro, 1: ex: hic: insŭl-a, -*ae*, f.: auctumn-us, -*i*: rĕdeo, *anom.*, 4: ver, *vĕris*.
7. Urbs, *urbis*, f.: căpio, *cēpi, captum*, 3: terti-us, -*a, -um*: dies, m.
8. Ăn-us, -*ūs*: mŏrior, *dep.*, 3: pauc-i, -*ae, -a*: hōr-a, -*ae*, f.
9. Caesar: vīvo, *vixi*, 3: mult-us, -*a, -um*: ann-us -*i*, m.: post: Rōmŭlus.
10. Is: ann-us, -*i*, m.: Săgunt-um, -*i*, n.: căpio, *cēpi, captum*, 3: ab: Hannĭb-al, -*ălis*.

EXERCISE VIII.—*continued.*

B.

11. The woman, whose sons are fishermen, has-come into the city from-the-country.
12. The pirates would-have-been-conquered by Pompey in-three months.
13. This maiden was very-dear to-my brother Caius.
14. The fearless sailors, who were-living at-that time at-Carthage, have-set-out for-Marseilles.
15. Antonius will-be-made consul by the citizens.
16. I-have-never seen a more-sagacious animal than your dog.
17. I-have-given a rose to-the-maiden, whom I-love.
18. The poet, who was-unwilling to-remain at-home, determined to-go into-the-country with his-friends.
19. Those boys have-slept on-the-ground in an immense cavern.
20. We-have-given bread and meat to-the-blind beggar, who was-sitting on the bridge.

EXERCISE VIII.—*continued.*

B.

11. Fēmĭn-a, -*ae*, f. : qui : filius : sum : piscāt-or, -*ōris* : vĕnio, *vēni*, 4 : in : urbs, *urbis* : rus, *rūris*.

12. Praed-o, -*ōnis*, m. : vinco, *vīci, victum*, 3 : a : Pompēius : tres : mens-is, -*is*, m.

13. Hic : virgo, f. : sum : cār-us, -*a*, -*um* : meus : frā-ter, -*tris*, m. : Caius.

14. Impăvĭd-us, -*a*, -*um* : naut-a, -*ae*, m. : qui : hăbĭto, 1 : is : temp-us, -*ŏris*, n. : Carthāg-o, -*ĭnis* : prŏ-fĭciscor, -*fectus sum, dep.*, 3 : Massĭli-a, -*ae*.

15. Antōnius : fīo, *anom.* : cons-ul, -*ŭlis* : a : cīv-is, -*is*.

16. Nunquam : vĭdeo, *vīdi*, 2 : săg-ax, -*ācis, adj.* : ănĭmal, n. : tuus : căn-is, -*is*, c.

17. Do, *dĕdi*, 1 : rŏs-a, -*ae* : virgo, f. : qui : ămo, 1.

18. Poēt-a, -*ae*, m. : qui : nōlo, *anom.* : măneo, 2 : dŏm-us, -*ūs* : stăt-uo, -*ui*, 3 : eo, *anom.*, 4 : rus, *rūris* : cum : ămīc-us, -*i*.

19. Ille : puer, m. : dormio, 4 : hŭm-us, -*i* : in : ingens : spēlunc-a, -*ae*, f.

20. Do, *dĕdi*, 1 : pān-is, -*is* : et : căro, *carnis* : caec-us, -*a*, -*um* : mendīc-us, -*i*, m. : qui : sĕdeo, 2 : in : pons, *pontis*.

EXERCISE IX.

Duration of Time, and Measure of Space.

A.

1. These poets have-lived for-many years at-Naples.
2. Victoria, Queen of-Britain, has-reigned for-fifty years.
3. The wall, which surrounds our garden, is eight feet high.
4. We-will-remain for-the-space-of-three-years either at-London or at-Edinburgh.
5. We-shall-have-walked seventy miles [1] in-four days.
6. In-the-evening the enemy retired to their-camp, which was-distant about five miles from the city.
7. This river is-said to-be thirty feet deep and four-hundred feet broad.
8. The general will-stay in these districts for-two-days.
9. The mother of-this girl is six feet tall.
10. Having-advanced seventeen miles in-one day, Labienus halted the whole night at-Noricum.

[1] N.B.—Mille passūs, *one mile*, but duo millia passuum, *two miles*.

EXERCISE IX.

Duration of Time, and Measure of Space.

A.

1. Hic : poēt-a, -ae, m. : hăbĭto, 1 : mult-us, -a, -um : ann-us, -i, m. : Neāpŏl-is, -is.
2. Victōria : rēgīn-a, -ae : Brĭtanni-a, -ae : regno, 1 : quinquāginta : ann-us, -i, m.
3. Mūr-us, -i, m. : qui : cingo, 3 : noster : hort-us, -i, m. : sum : octo : pes, m. : alt-us, -a, -um.
4. Măneo, 2 : trienni-um, -i : aut : Londīni-um, -i : aut : Edīn-a, -ae.
5. Ambŭlo, 1 : septuāginta : mille passūs : quātuor : dies, m.
6. Vesp-er, -ĕri and -ĕris : host-is, -is : rĕ-cēdo, -cessi, 3 : in : castr-a, -ōrum, plu., n. : qui : absum : circĭter : quinque : mille passūs : ab : urbs, urbis.
7. Hic : flūm-en, -ĭnis, n. : dīcor, 3 : sum : trīginta : pes, m. : alt-us, -a, -um : et : quadringent-i, -ae, -a : pes, m. : lāt-us, -a, -um.
8. Dux, dŭcis : mŏror, dep., 1 : in : hic : rĕgi-o, -ōnis, f. : bĭdu-um, -i.
9. Mā-ter, -tris, f. : hic : puell-a, -ae, f. : sum : sex : pes, m. : alt-us, -a, -um.
10. Prō-grĕdior, -gressus sum, dep., 3 : septemdĕcim : mille passūs : ūnus : dies, m. : Labiēnus : con-sisto, -stĭti, 3 : tōt-us, -a, -um : nox, noctis, f. : Nŏrĭc-um, -i.

EXERCISE IX.—*continued.*

B.

11. In-winter there-are many **wolves in** this wood.

12. **The spies,** who were-sent-forward **to the river** in-the-morning, **have-not-yet returned to-Veii.**

13. **The** consul **will-set-out with his-army** from-Rome at-midnight.

14. **The boys have-climbed a wall, which is** ten feet high.

15. Ovid **lived** for-many years at-Tomi.

16. Prepare food for-us, O-slaves.

17. Let-the-poems, **which** Virgil wrote, **be-read** by many boys.

18. Xerxes, **who invaded** Greece **with** an immense army, **was the son** of-Darius, king of-the-Persians.

19. **Tarquinius,** who reigned for-twenty-three years at-Rome, **was-expelled from** the city by Junius Brutus.

20. The boys have-walked **twelve miles** in-one day.

EXERCISE IX.—*continued*.

B.

11. Hi-ems, *-ĕmis* : sum : mult-us, *-a*, *-um* : lŭp-us, *-i*, m. : in : hic : silv-a, *-ae*, f.
12. Spĕcŭlāt-or, *-ōris*, m. : qui : prae-mitto, *-mīsi, -missum*, 3 : ad : flūm-en, *-ĭnis* : māne, *indecl.* : nondum : rĕd-eo, *-ii, anom.*, 4 : Vēi-i, *-ōrum, plu.*
13. Cons-ul, *-ŭlis* : prŏfĭciscor, *dep.*, 3 : cum : exercĭt-us, *-ūs* : Rōm-a, *-ae* : mĕdia nox, *mĕdiae noctis.*
14. Puer : a-scendo, *-scendi*, 3 : mūr-us, *-i*, m. : qui : sum : dĕcem : pes, m. : alt-us, *-a*, *-um*.
15. Ovĭdius : hăbĭto, 1 : mult-us, *-a*, *-um* : ann-us, *-i*, m. : Tŏm-i, *-ōrum, plu.*
16. Păro, 1 : cĭb-us, *-i* : ĕgo : serv-us, *-i*.
17. Carm-en, *-ĭnis*, n. : qui : Virgĭlius : scrībo, *scripsi*, 3 : lĕgo, 3 : a : mult-us, *-a*, *-um* : puer, m.
18. Xerxes, m. : qui : in-vādo, *-văsi*, 3 : Graeci-a, *-ae* : cum : ingens : exercĭt-us, *-ūs*, m. : sum : fīlius : Dārī-us, *-i* : rex, *rēgis* : Pers-ae, *-ārum, plu.*
19. Tarquĭnius, m. : qui : regno, 1 : vīginti tres : ann-us, *-i*, m. : Rōm-a, *-ae* : ex-pello, *-pŭli*, *-pulsum*, 3 : ex : urbs, *urbis* : a : Junius Brutus.
20. Puer : ambŭlo, 1 : duŏdĕcim : mille passūs : ūnus : dies, m.

EXERCISE X.

Words Governing the Ablative.

A.

1. The fisherman lives-on the fish, which he-catches in the lake with-nets.
2. The Romans having-got-possession-of the standards of-the-enemy, put-to-flight the whole line.
3. The consul will-perform all his-duties faithfully.
4. Let-us-enjoy the good-things, which the gods have-given us.
5. The boy will-use his-father's bow and arrows.
6. These girls are-considered worthy-of very-great rewards.
7. We girls will-be content with-a-humble station.
8. The banker, relying-on the honesty of-his-clerk, has-sent ten talents to his-grandfather.
9. Many queens have-been endued with-the-greatest wisdom.
10. The sufferings of-the-wretched old-woman are worthy of-compassion.

EXERCISE X.

Words Governing the Ablative.

A.

1. Piscāt-or, -ōris : vescor, dep., 3 : pisc-is, -is, m. : qui : căpio, 3 : in : lăc-us, -ūs : rēt-e, -is.

2. Rōmāni, plu., m. : pŏtior, pŏtītus sum, dep., 4 : sign-um, -i : host-is, -is : fŭgo, 1 : tōt-us, -a, -um : ăci-es, -ēi, f.

3. Cons-ul, -ŭlis : fungor, dep., 3 : omn-is, -e : offĭci-um, -i, n. : fĭdēlĭter.

4. Fruor, dep., 3 : bŏn-us : qui : Deus : do, dĕdi, 1 : ĕgo.

5. Puer : ūtor, dep., 3 : arc-us, -ūs : et : săgitt-a, -ae : păter.

6. Hic : puell-a, -ae, f. : hăbeor, 2 : dign-us, -a, -um : magn-us, -a, -um : praemi-um, -i, n.

7. Ĕgo : puell-a, -ae, f. : sum : content-us, -a, -um : hŭmĭl-is, -e : condĭti-o, -ōnis, f.

8. Trăpezīt-a, -ae, m. : frēt-us, -a, -um : prŏbĭt-as, -ātis : scrīb-a, -ae : mitto, mīsi, 3 : dĕcem : tălent-um, -i, n. : ad : ăv-us, -i.

9. Mult-us, -a, -um : rēgīn-a, -ae, f. : sum : praedĭt-us, -a, -um : magn-us, -a, -um : săpienti-a, -ae, f.

10. Dŏl-or, -ōris, m. : mĭs-er, -ĕra, -ĕrum : ăn-us, -ūs, f. : sum : dign-us, -a, -um : mĭsĕrĭcordi-a, -ae.

EXERCISE X.—*continued.*

B.

11. In-summer the meadows resound the whole day with-the-lowing of-cattle.
12. In-the-autumn the farmers carry the fruit into barns.
13. My grandson, relying-on the generosity of-his-mother, has-enjoyed the pleasures of-London for-two months.
14. Many stars are larger than the sun.
15. The general, having-been-alarmed by-these reports, determined to-break-up his-camp at-dawn, and to-return to-Narbo.
16. In-the-summer we-live at-Naples or at-Baiae, but in-the-winter we-return home.
17. This merchant is endued with-great kindness.
18. These conspirators, by whom the republic would-have-been-overthrown, are unworthy of-life.
19. Having-spoken thus, the queen sat-down before the king's throne.
20. The guards, to-whom the king has-intrusted the key, will-open the door at-noon.

EXERCISE X.—*continued.*

B.

11. Aest-as, *-ātis*: prāt-um, *-i*: rĕsŏno, 1: **tōt-us, -a, -um**: dies, m.: mūgīt-us, *-ūs*: pĕc-us, *-ŭdis*.
12. Auctumn-us, *-i*: agrĭcŏl-a, *-ae*: **porto,** 1: fruct-us, *-ūs*: in: horre-um, *-i*.
13. Meus: nĕp-os, *-ōtis*, m.: frēt-us, *-a, -um*: mūnĭfĭcenti-a, *-ae*: mā-ter, *-tris*: fruor, *fructus* or *fruitus sum, dep.*, 3: vŏlupt-as, *-ātis*: Londīni-um, *-i*: duo: mens-is, *-is*, m.
14. Mult-us, *-a, -um*: stell-a, *-ae*, f.: sum: magn-us, *-a, -um*: terr-a, *-ae*.
15. Dux, *dŭcis*, m.: com-mŏveo, *-mōvi, -mōtum*, 2: hic: rūmor, *-ōris*, m.: stăt-uo, *-ui*, 3: mŏveo, 2: castr-a, *-ōrum, plu.*: prīma **lux,** *prīmae lūcis*: et: rĕdeo, *anom.*, 4: Narb-o, *-ōnis*.
16. Aest-as, *-ātis*: hăbĭto, 1: Neāpŏl-is, *-is*: vel: Bai-ae, *-ārum, plu.*: sed: hi-ems, *-ĕmis*: rĕdeo, *anom.*, 4: dŏm-us, *-ūs*.
17. Hic: mercāt-or, *-ōris*, m.: sum: praedĭt-us, *-a, -um*: magn-us, *-a, -um*: bĕnignĭt-as, *-ātis*, f.
18. Hic: conjūrāt-i, *-ōrum, plu.*, m.: a: qui: respublĭca, *rēipublĭcae*: ē-verto, *-verti, -versum*, 3: sum: indign-us, *-a, -um*: vīt-a, *-ae*.
19. Lŏquor, *lŏcūtus sum, dep.*, 3: ĭta: rēgīn-a, *-ae*, f.: con-sīdo, *-sēdi*, 3: ante: sŏli-um, *-i*: rex, *rēgis*.
20. Cust-os, *-ōdis*, c.: qui: **rex,** *rēgis*: com-mitto, *-mīsi*, 3: clāv-is, *-is*: ăpĕrio, 4: jānu-a, *-ae*: mĕrīdi-es, *-ēi*.

EXERCISE XI.

The Ablative Absolute—The Perfect Participle Passive.

A.

1. The cavalry having-been-sent-forward, Caesar determined to-wait-for the arrival of-the-allies.
2. The signal having-been-given, the soldiers attacked the Arverni **without delay**.
3. The anchors having-been-weighed, the fleet reached Britain about the fourth hour of-the-day.
4. The design of-the-Romans having-become-known, the barbarians halted.
5. Two cohorts having-been-left in the camp, the general advanced about seven miles from that place.
6. The letter having-been-read, the woman and her-daughter were-weeping.
7. The tree having-been-cut-down, the old-man returned home.
8. The ship having-been-burnt, the pilot exhorted the sailors.
9. The door having-been-shut, the boy ate the nuts and pears.
10. A severe wound having-been-received, the knight died.

EXERCISE XI.

The Ablative Absolute—The Perfect Participle Passive.

A.

1. Ĕquĭtāt-us, -ūs, m.: prae-mitto, -mīsi, -missum, 3: Caesar: stătŭo, -ui, 3: expecto, 1: advent-us, -ūs: sŏci-us, -i.
2. Sign-um, -i, n.: do, dĕdi, dătum, 1: mīl-es, -ĭtis, m.: ad-ŏrior, -ortus sum, dep., 4: Arverni, plu.: sīne: mŏr-a, -ae.
3. Anchŏr-a, -ae, f.: tollo, sustŭli, sublātum, 3: class-is, -is: at-tingo, -tĭgi, 3: Brĭtanni-a, -ae: circĭter: quart-us, -a, -um: hōr-a, -ae, f.: dies.
4. Consĭli-um, -i, n.: Rōmāni, plu.: cogn-osco, -ōvi, -ĭtum, 3: barbăr-i, -ōrum, plu.: con-sisto, -stĭti, 3.
5. Duo: cŏhors, cŏhortis, f.: rĕ-linquo, -līqui, -lictum, 3: in: castr-a, -ōrum, plu.: dux, dŭcis, m.: prō-grĕdior, -gressus sum, dep., 3: circĭter: septem: mille passūs: ab: is: lŏc-us, -i, m.
6. Lītĕr-ae, -ārum, plu., f.: lĕgo, lēgi, lectum, 3: mŭli-er, -ĕris: et: fīli-a, -ae: fleo, 2.
7. Arb-or, -ŏris, f.: suc-cīdo, -cīdi, -cīsum, 3: sĕn-ex, -is: rĕd-eo, -ii, anom., 4: dŏm-us, -ūs.
8. Nāv-is, -is, f.: in-cendo, -cendi, -censum, 3: gŭbernāt-or, -ōris, m.: hortor, dep., 1: naut-a, -ae.
9. Jānu-a, -ae, f.: claudo, clausi, clausum, 3: puer: ĕdo, ēdi, 3: nux, nŭcis: et: pĭr-um, -i.
10. Grăv-is, -e: vuln-us, -ĕris, n.: ac-cĭpio, -cēpi, -ceptum, 3: ĕqu-es, -ĭtis, m.: mŏrior, mortuus sum, dep., 3.

EXERCISE XI.—*continued.*

B.

11. The barbarians, alarmed by-the-shape of-the-Roman ships and by-the-motion of-the-oars, were-easily dislodged by-the-slings and arrows of-the-soldiers.
12. Caesar, having-found a spot suitable for-a-camp, determines to-stay there for-two-days.
13. Caesar having-been-killed, Brutus and Cassius fled from-Rome into Macedonia.
14. The farmer's wife remained at-home the whole summer.
15. This city, which is-distant from Brindisi about seventy miles, is-said to-be more-beautiful than Tarentum.
16. The slaves, relying-on the kindness of-their-master, have-asked-for pardon.
17. The enemy, having-been-overcome in-battle, fled into the thick woods.
18. The enemy having-been-overcome, ambassadors have-come into the camp about peace.
19. The robbers, by whom the girl was-killed, have-been-arrested by the guards.
20. Many philosophers have-died at-Rhodes, Athens, [and] Sardis.

EXERCISE XI.—*continued.*

B.

11. Barbăr-i, *-ōrum, plu.*, m. : per-mŏveo, *-mōvi, -mōtum*, 2 : fĭgūr-a, *-ae* : Rōmān-us, *-a, -um* : nāv-is, *-is*, f. : et : mōt-us, *-ūs* : rēm-us, *-i* : făcĭle : sum-mŏveo, *-mōvi, -mōtum*, 2 : fund-a, *-ae* : et : săgitt-a, *-ae* : mīl-es, *-ĭtis*.
12. Caesar, m. : nanciscor, *nactus sum, dep.*, 3 : lŏc-us, *-i*, m. : ĭdōne-us, *-a, -um* : castr-a, *-ōrum, plu.* : stătuo, 3 : mŏror, *dep.*, 1 : ĭbi : bĭdu-um, *-i*.
13. Caes-ar, *-ăris*, m. : inter-fĭcio, *-fēci, -fectum*, 3 : Brutus : et : Cassius : fŭgio, fūgi, 3 : Rōm-a, *-ae* : in : Măcĕdŏni-a, *-ae*.
14. Ux-or, *-ōris* : agrĭcŏl-a, *-ae* : măneo, *mansi*, 2 : dŏm-us, *-ūs* : tōt-us, *-a, -um* : aest-as, *-ātis*, f.
15. Hic : urbs, *urbis*, f. : qui : absum : a : Brundŭsi-um, *-i* : circĭter : septuāginta : mille passūs : dīcor, 3 : sum : pul-cher, *-chra, -chrum* : Tărent-um, *-i*.
16. Serv-us, *-i*, m. : frēt-us, *-a, -um* : běnignĭt-as, *-ātis* : dŏmĭnus : pěto, *pětii*, 3 : věni-a, *-ae*.
17. Host-is, *-is*, m. : sŭpěro, 1 : proeli-um, *-i* : fŭgio, *fūgi*, 3 : in : dens-us, *-a, -um* : silv-a, *-ae*, f.
18. Host-is, *-is*, m. : sŭpěro, 1 : lēgāt-us, *-i* : věnio, *vēni*, 4 : in : castr-a, *-ōrum, plu.* : de : pax, *pācis*.
19. Latr-o, *-ōnis*, m. : a : qui : puell-a, *-ae*, f. : inter-fĭcio, *-fēci, -fectum*, 3 : com-prěhendo, *-prěhendi*, 3 : a : cust-os, *-ōdis*.
20. Mult-us, *-a, -um* : phĭlŏsŏph-us, *-i*, m. : mŏrior, *mortuus sum, dep.*, 3 : Rhŏd-us, *-i* : Ăthēn-ae, *-ārum, plu.* : Sard-es, *-ium, plu.*

EXERCISE XII.

The Ablative Absolute—Other Participles.

A.

1. Spring being-about-to-return, **the** nightingales **will-sing** in our gardens.
2. I [1] being-your-guide, you-will-easily perform all **your-duties.**
3. In the reign of Victoria [*say*, Victoria reigning], we-enjoy peace and safety.
4. **My sister** was-born in the consulship of Brutus and Collatinus [*say*, Brutus and Collatinus [1] being-consuls].
5. **My-mother** having-died at-London, **I-shall-set-out** for-Edinburgh.
6. The sailors being-about-to-depart, their-wives are-appeasing the **gods** with-offerings and incense.
7. **The** general having-exhorted **the** third legion, the soldiers raised **a** loud shout.
8. **The** farmer being-about-to-die, **his-wife and children** were-weeping.
9. At the request of Cicero [*say*, Cicero requesting], we-**shall-remain** at-home.
10. **The** judge **being-about-to-come, the** wicked **will-be-**punished.

---

[1] N.B.—As there is **no** present participle **of** the verb *sum*, the word *being* must be understood.

EXERCISE XII.

The Ablative Absolute—Other Participles.

A.

1. Ver, *vēris*, n. : rĕd-eo, *-ii, -ĭtum, anom.*, 4 : luscĭni-a, *-ae* : canto, 1 : in : noster : hort-us, *-i*, m.
2. Ĕgo : dux, *dŭcis* : făcĭle : fungor, *dep.*, 3 : omn-is, *-e* : offĭci-um, *-i*, n.
3. Victōri-a, *-ae*, f. : regno, 1 : fruor, *dep.*, 3 : pax, *pācis* : et : săl-ūs, *-ūtis.*
4. Meus : sŏr-or, *-ōris*, f. : nascor, *nātus sum, dep.*, 3 : Brutus : et : Collatīnus : cons-ul, *-ŭlis.*
5. Mā-ter, *-tris*, f. : mŏrior, *mortuus sum, dep.*, 3 : Londīni-um, *-i* : prŏfĭciscor, *dep.*, 3 : Edīn-a, *-ae.*
6. Naut-a, *-ae*, m. : ăb-eo, *-ii, -ĭtum, anom.*, 4 : ux-or, *-ōris* : plāco, 1 : deus : dōn-um, *-i* : et : tus, *tūris.*
7. Dux, *dŭcis*, m. : hortor, *dep.*, 1 : terti-us, *-a, -um* : lĕgi-o, *-ōnis*, f. : mīl-es, *-ĭtis* : tollo, *sustŭli*, 3 : magn-us, *-a, -um* ; clām-or, *-ōris*, m.
8. Agrĭcŏl-a, *-ae*, m. : mŏrior, *fut. part. mŏrĭtūrus, dep.*, 3 : ux-or, *-ōris* : et : lībĕr-i, *-ōrum, plu.* : fleo, 2.
9. Cĭcĕr-o, *-ōnis*, m. : pĕto, 3 : măneo, 2 : dŏm-us, *-ūs.*
10. Jūdex, m. : vĕnio, *vēni, ventum*, 4 : imprŏb-us, *-a, -um* : pūnio, 4.

EXERCISE XII.—*continued.*

B.

11. This youth will-marry your sister, **who** is-considered very-beautiful.
12. On the return of spring [*say*, spring returning], the trees are-covered **with-new leaves.**
13. Nothing is more-pleasant than the warmth of-the-sun.
14. The **birds, which we-have-killed** with-our-arrows, are-called partridges.
15. These philosophers, who are-accustomed to-gaze-at the constellations at-night, are **endued** with-the-greatest wisdom.
16. The conspirators, **who are unworthy** of-life, will-be-put-to-death **by-poison at-dawn.**
17. Let-the-huge elephants be-brought from-Capua to-Rome.
18. Throw this knave into chains, O-guards.
19. The poet, who is-lying on-the-ground beneath the ancient oak, will-write a famous poem.
20. In the reign of Augustus [*say*, Augustus reigning], Ovid **was-sent to-Tomi.**

EXERCISE XII.—*continued.*

B.

11. Hic : ădŏlesc-ens, *-entis*, m. : dūco, 3 : tuus : sŏr-or, *-ōris*, f. : qui : hăbeor, 2 : pul-cher, *-chra*, *-chrum*.

12. Ver, *vēris*, n. : rĕd-eo, *anom.*, 4 : arb-or, *-ŏris* : ŏpĕrio, 4 : nŏv-us, *-a*, *-um* : frons, *frondis*, f.

13. Nĭhil, *indecl.* n. : sum : jūcund-us, *-a*, *-um* : căl-or, *-ōris* : sol, *sōlis*.

14. Ăv-is, *-is*, f. : qui : interfĭcio, *-fēci*, 3 : săgitt-a, *-ae* : vŏcor, 1 : perd-ix, *-īcis*.

15. Hic : phĭlŏsŏph-us, *-i*, m. : qui : sŏleo, 2 : specto, 1 : sīd-us, *-ĕris* : nox, *noctis* : sum : praedĭt-us, *-a*, *-um* : magn-us, *-a*, *-um* : săpienti-a, *-ae*, f.

16. Conjūrāt-i, *-ōrum*, *plu.*, m. : qui : sum : indign-us, *-a*, *-um* : vīt-a, *-ae* : nĕco, 1 : vĕnēn-um, *-i* : prīma lux, *primae lūcis*.

17. Ingens : ĕlĕphant-us, *-i*, m. : addūco, 3 : Căpu-a, *-ae* : Rōm-a, *-ae*.

18. Conjĭcio, 3 : hic : scĕlest-us, *-i*, m. : in : vincŭl-um, *-i* : cust-os, *-ōdis*.

19. Poēt-a, *-ae*, m. : qui : jăceo, 2 : hŭm-us, *-i* : sub : antīqu-us, *-a*, *-um* : querc-us, *-ūs*, f. : scrībo, 3 : illustr-is, *-e* : carm-en, *-ĭnis*, n.

20. Augustus, m. : impĕro, 1 : Ovĭdius, m. : mitto, *mīsi*, *missum*, 3 : Tŏmi, *-ōrum, plu.*

EXERCISE XIII.

The Ablative Absolute—The English Perfect Participle Active.

A.

1. Having-caught the **fly,** the spider will-return to its-web.
2. Having-conquered the Romans near Cannae, Hannibal led his-forces to-Capua.
3. Having-collected a large band from-all-sides, Vercingetorix advanced to a river, which was-distant five miles from Caesar's camp.
4. Having-finished the war, the soldiers are-enjoying repose.
5. The lieutenant, having-received many wounds, **retired** from the battle to his-tent.
6. **Having-assembled the soldiers, the** general spoke thus.
7. **Having-seen the temple, the sailors** departed from-Delphi.
8. **Having-seized a** goose, the fox ran-away.
9. **Having-drawn-up the** infantry, Caesar was-waiting-for the cavalry.
10. Having-lost **the money, the boy** was-weeping.

EXERCISE XIII.

The Ablative Absolute—The English Perfect Participle Active.

A.

1. Căpio, *cēpi, captum*, 3 : musc-a, *-ae*, f. : ărāne-a, *-ae* : rĕdeo, *anom.*, 4 : in : tēl-a, *-ae*.
2. Vinco, *vīci, victum*, 3 : Rōmāni, *plu.*, m. : ăpud : Cann-ae, *-ārum, plu.* : Hannĭbal : dūco, *duxi*, 3 : cōpi-ae, *-ārum, plu.* : Căpu-a, *-ae*.
3. Cōgo, *coēgi, coactum*, 3 : magn-us, *-a, -um* : măn-us, *-ūs*, f.: undĭque : Vercingetŏrix, m. : prō-grĕdior, *-gressus sum, dep.*, 3 : ad : flūm-en, *-ĭnis*, n. : qui : absum : quinque : mille passūs : a : castr-a, *-ōrum, plu.* : Caesar, *-ăris*.
4. Con-fĭcio, *-fēci, -fectum*, 3 : bellum, n. : mīl-es, *-ĭtis* : fruor, *dep.*, 3 : ōti-um, *-i*.
5. Lēgāt-us, *-i* : ac-cĭpio, *-cēpi, -ceptum*, 3 : mult-us, *-a, -um* : vuln-us, *-ĕris*, n. : rĕ-cēdo, *-cessi*, 3 : ex : proeli-um, *-i* : in : tăbernācŭl-um, *-i*.
6. Convŏco, 1 : mīl-es, *-ĭtis*, m. : dux, *dŭcis*, m. : lŏquor, *lŏcūtus sum, dep.*, 3 : ĭta.
7. Vĭdeo, *vīdi, visum*, 2 : templ-um, *-i*, n. : naut-a, *-ae* : dis-cēdo, *-cessi*, 3 : Delph-i, *-ōrum, plu.*
8. Cor-rĭpio, *-rĭpui, -reptum*, 3 : ans-er, *-ĕris*, m. : vulp-es, *-is* : au-fŭgio, *-fūgi*, 3.
9. In-struo, *-struxi, -structum*, 3 : pĕdĭtāt-us, *-ūs*, m. : Caesar : expecto, 1 : ĕquĭtāt-us, *-ūs*.
10. Ā-mitto, *-mīsi, -missum*, 3 : pĕcūni-a, *-ae*, f. : puer : fleo, 2.

EXERCISE XIII.—*continued.*

B.

11. The soldiers fought in the absence of their general [*say,* their-general being-absent].
12. The queen helped the blind beggar, who is-accustomed to-live-on bread and water.
13. This poet has-achieved everlasting renown.
14. That old-woman is more-benevolent than your grandfather.
15. The approach of-Caesar having-been-announced to-the-Morini, spies were-sent in all directions.
16. My uncle has-passed his-life at-Tarentum.
17. Under your leadership [*say,* you being-leader], we-have-gained many victories.
18. Let-these maidens cultivate wisdom and prudence.
19. The lake, which you-see, is fourteen miles long and three-hundred feet deep.
20. The wild-boar, which Marcus has-killed with-his-spear, has very-long tusks.

EXERCISE XIII.—*continued.*

B.

11. Mīl-es, *-ĭtis* : pugno, 1 : dux, *dŭcis*, m. : abs-ens, *-entis.*
12. Rēgīn-a, *-ae* : ad-jŭvo, *-jūvi*, 1 : caec-us, *-a*, *-um* : mendīc-us, *-i*, m. : qui : sŏleo, 2 : vescor, *dep.*, 3 : pān-is, *-is* : et : ăqu-a, *-ae.*
13. Hic : poēt-a, *-ae*, m. : ăd-ĭpiscor, -eptus sum, *dep.*, 3 : sempĭtern-us, *-a*, *-um* : fām-a, *-ae*, f.
14. Ille : ăn-us, *-ūs*, f. : sum : běněvŏl-us, *-a*, *-um* : tuus : ăv-us, *-i*, m.
15. Advent-us, *-ūs*, m. : Caes-ar, *-ăris* : nuntio, 1 : Morīni, *plu.* : spěcŭlāt-or, *-ōris*, m. : mitto, *mīsi*, *missum*, 3 : in : omn-is, *-e* : pars, *partis*, f.
16. Meus : ăvunculus, m. : ăgo, *ēgi*, 3 : vīt-a, *-ae* : Tărent-um, *-i.*
17. Tu : dux, *dŭcis* : rěporto, 1 : mult-us, *-a*, *-um* : victōri-a, *-ae*, f.
18. Hic : virgo, f. : cŏlo, 3 : săpienti-a, *-ae* : et : prūdenti-a, *-ae.*
19. Lăc-us, *-ūs*, m. : qui : vĭdeo, 2 : sum : quātuordĕcim : mille passūs : long-us, *-a*, *-um* : et : trěcent-i, *-ae*, *-a* : pes, m. : alt-us, *-a*, *-um.*
20. Ăper, *apri*, m. : qui : Marcus : inter-fĭcio, *-fēci*, 3 : hast-a, *-ae* : hăbeo, 2 : long-us, *-a*, *-um* : dens, *dentis*, m.

EXERCISE XIV.

The Accusative and Infinitive.

A.

1. **We-all** know that-the-soul is immortal.
2. **The** girl says that-the-boy has-stolen the grapes.
3. **The** messenger told the citizens that-the-army **was-being-conquered.**
4. The **spies declared** that-the-town had-been-taken.
5. **We-hear** that-Caesar will-come into the **city** in-the-morning.
6. We-believe that-the-maiden will-be-loved.
7. The boys asserted **in-the-presence-of** their-masters **that-**the-beggar **had-broken the window.**
8. We-have-informed Brutus and Cassius that-the-citizens **have-burned** the body of-Caesar in the Forum.
9. We-thought that-the-old-woman would-die.
10. **We-know that-the-city will-**be-stormed at-daybreak.

EXERCISE XIV.

The Accusative and Infinitive.

A.

1. Omn-is, -*e* : scio, 4 : ănĭm-us, -*i*, m. : sum : immortāl-is, -*e*.
2. Puell-a, -*ae* : dīco, 3 : puer : sur-rĭpio, -*rĭpui*, 3 : ūv-a, -*ae*.
3. Nunti-us, -*i* : dīco, *dixi*, 3 : cīv-is, -*is* : exercĭt-us, -*ūs* : vinco, 3.
4. Spĕcŭlāt-or, -*ōris* : dēclāro, 1 : oppĭd-um, -*i*, n. : căpio, *cēpi*, *captum*, 3.
5. Audio, 4 : Caes-ar, -*ăris*, m. : vĕnio, *vēni*, *ventum*, 4 : in : urbs, *urbis* : māne, *indecl*.
6. Crēdo, 3 : virgo : ămo, 1.
7. Puer : affirmo, 1 : cōram : măgister : mendīc-us, -*i* : frango, *frēgi*, 3 : fĕnestr-a, -*ae*.
8. **Certiorem făcio,** *fēci*, 3 : Brutus : et : Cassius : cīv-is, -*is* : crĕmo, 1 : corpus : Caes-ar, -*ăris* : in : Fŏr-um, -*i*.
9. Pŭto, 1 : ăn-us, -*ūs*, f. : mŏrior, *fut. part. mŏrĭtūrus, dep.*, 3.
10. Scio, 4 : urbs, *urbis* : oppugno, 1 : prīma lux, *prīmae lūcis*.

EXERCISE XIV.—*continued.*

B.

11. Carthage having-been-destroyed, Scipio ordered **the** soldiers to-return to-Rome.
12. They-would-have-restrained the **anger** of-their-father Lollius.
13. **The bridge, which Caesar made** over **the river** Rhine, will-be-cut-down **by the Suevi.**
14. **The old-man** says that-wrong **can** be-done in-many ways.
15. **These things** having-become-known, the general determined to-set-out in-the-evening.
16. Having-left one legion at-Gabii, he-led the rest-of his-forces **to** the **hill,** which is-distant three **miles from** the **town.**
17. The maiden, having-accompanied her-friends, saw the **games.**
18. Having-raised a large **army at-Sardis,** Cyrus has-set-out **for-Babylon.**
19. The **old-man,** relying-on his-eloquence, has-addressed the angry citizens.
20. **The** slave and **the boy** are-exercising the horses, which my father bought at-Naples.

EXERCISE XIV.—*continued.*

B.

11. Carthāg-o, -*ĭnis*, f. : dēl-eo, -*ēvi*, -*ētum*, 2 : Scipio : jŭbeo, *jussi*, 2 : mīl-es, -*ĭtis* : rĕdeo, *anom.*, 4 : Rōm-a, -*ae.*
12. Cohĭbeo, 2 : īr-a, -*ae* : păter : Lollius.
13. Pons, *pontis*, m. : qui : Caesar : făcio, *fēci*, 3 : in : flūm-en, -*ĭnis* : Rhēn-us, -*i* : rescindo, 3 : a : Suēvi, *plu.*
14. Sĕn-ex, -*is* : dīco, 3 : injūri-a, -*ae* : possum, *anom.* : fīo, *anom.* : mult-us, -*a*, -*um* : mŏd-us, -*i*, m.
15. Hic : res, *rĕi*, f. : cogn-osco, -*ōvi*, -*ĭtum*, 3 : dux, *dŭcis* : stăt-uo, -*ui*, 3 : prŏfĭciscor, *dep.*, 3 : vesp-er, -*ĕri* and -*ĕris.*
16. Rĕ-linquo, -*līqui*, -*lictum*, 3 : ūnus : lĕgi-o, -*ōnis*, f. : Găbi-i, -*ōrum*, *plu.* : dūco, *duxi*, 3 : rĕlĭqu-us, -*a*, -*um* : cōpi-ae, -*ārum*, *plu.* : ad : coll-is, -*is*, m. : qui : disto, 1 : tres : mille passūs : ab : oppĭd-um, -*i.*
17. Virgo, f. : cŏmĭtor, *dep.*, 1 : ămīc-us, -*i* : vĭdeo, *vīdi*, 2 : lūd-us, -*i.*
18. Compăro, 1 : magn-us, -*a*, -*um* : exercĭt-us, -*ūs*, m. : Sard-es, -*ium*, *plu.* : Cȳrus, m. : prŏ-fĭciscor, -*fectus sum*, *dep.*, 3 : Băbўl-on, -*ōnis.*
19. Sĕn-ex, -*is*, m. : frēt-us, -*a*, -*um* : ēlŏquenti-a, -*ae* : al-lŏquor, -*lŏcūtus sum*, *dep.*, 3 : īrāt-us, -*a*, -*um* : cīv-is, -*is*, c.
20. Serv-us, -*i* : et : puer : exerceo, 2 : ĕqu-us, -*i*, m. : qui : meus : păter, m. : ĕmo, *ēmi*, 3 : Neāpŏl-is, -*is.*

EXERCISE XV.

The Accusative and Infinitive.—Se, Eum, etc.

A.

1. The boy pretends that-he is mad.
2. The master told the girl that-she was very-wise.
3. The slave cried-out that-he was very-wretched.
4. The mother told Crassus that-her son was stronger than his brother.
5. Crassus replied that-her son was bigger than his brother.
6. The robber confessed to-the-judge that-he had-stolen the money.
7. Caesar thought that-he would-get-possession-of the city.
8. The slave told his-master that-he [*viz.* the master] was very-dear to-him.
9. The slaves told their-master that-they were more-faithful to-him than his-friends.
10. The merchants declared that-they had-lost their-ships through-the-rashness of-the-pilots.

EXERCISE XV.

The Accusative and Infinitive.—Se, Eum, etc.

A.

1. Puer : sĭmŭlo, 1 : se : sum : insān-us, -a, -um.
2. Măgister : dīco, dixi, 3 : puell-a, -ae : is : sum : săpi-ens, -entis, adj.
3. Serv-us, -i : exclāmo, 1 : se : sum : mĭs-er, -ĕra, -ĕrum.
4. Mā-ter, -tris : dīco, dixi, 3 : Crassus : suus : fīlius, m. : sum : vălĭd-us, -a, -um : is : frā-ter, -tris.
5. Crassus : re-spondeo, -spondi, 2 : is : fīlius, m. : sum : magn-us, -a, -um : suus : frā-ter, -tris, m.
6. Latr-o, -ōnis, m. : con-fĭteor, -fessus sum, dep., 2 : jūdex : se : sur-rĭpio, -rĭpui, 3 : pĕcūni-a, -ae.
7. Caesar : existĭmo, 1 : se : pŏtior, pŏtītus sum, dep., 4 : urbs, urbis.
8. Serv-us, -i : dīco, dixi, 3 : dŏmĭnus : is : sum : cār-us, -a, -um : se.
9. Serv-us, -i : dīco, dixi, 3 : dŏmĭnus : se : sum : fĭdēl-is, -e : is : ămīc-us, -i.
10. Mercāt-or, -ōris : dēclāro, 1 : se : ā-mitto, -mīsi, 3 : nāv-is, -is : tĕmĕrĭt-as, -ātis : gŭbernāt-or, -ōris.

EXERCISE XV.—*continued.*

B.

11. **A war** having-broken-out between **the Romans and** the Carthaginians, Hannibal **has-been-made** general on-account-of his-extraordinary **valour.**
12. The mice thought **that-the-cat** had-gone-away.
13. Orestes, having-avenged the murder **of-his-father, would-have-departed from-Mycenae.**
14. **The son having-followed** the messenger, **his-sister** killed herself with-a-sword.
15. We-hope that-the-Romans will-overcome Hannibal.
16. Having-raised a shout, the Horatii rushed-at the Curiatii.
17. We-have-never seen a beast bigger than this elephant.
18. Cornelia has-been-informed of the death of-her-husband.
19. We-all believed that-the-girl was-dead.
20. Having-thrown-away their-swords, shields, [and] helmets, **the barbarians fled** from-Genabum **into** the nearest **woods.**

EXERCISE XV.—*continued*.

B.

11. Bellum, n. : ŏrior, *ortus sum, dep.*, 4 : inter : Rōmāni, *plu.* : et : Poeni, *plu.* : Hannĭbal : fīo, *factus sum, anom.* : dux, *dŭcis* : propter : exĭmi-us, -*a*, -*um* : virt-ūs, -*ūtis*, f.
12. Mus, *mūris* : pŭto, 1 : fĕl-es, -*is* : ăb-eo, -*ii, anom.*, 4.
13. Orestes, m. : ulciscor, *ultus sum, dep.*, 3 : nex, *nĕcis* : păter : dī-grĕdior, -*gressus sum, dep.*, 3 : Mўcēn-ae, -*ārum, plu.*
14. Fīlius, m. : sĕquor, *sĕcūtus sum, dep.*, 3 : nunti-us, -*i* : sŏr-or, -*ōris* : inter-fĭcio, -*fēci*, 3 : se : glădi-us, -*i*.
15. Spēro, 1 : Rōmāni, *plu.*, m. : sŭpĕro, 1 : Hannĭb-al, -*ălis*.
16. Tollo, *sustŭli, sublātum*, 3 : clām-or, -*ōris*, m. : Hŏrātii, *plu.* : pĕto, *pĕtii*, 3 : Cūriātii, *plu.*
17. Nunquam : vĭdeo, *vīdi*, 2 : bellu-a, -*ae*, f. : magn-us, -*a*, -*um* : hic : ĕlĕphant-us, -*i*, m.
18. Cornēlia, f. : certior fīo, *factus sum, anom.* : de : mors, *mortis* : mărīt-us, -*i*.
19. Omn-is, -*e* : crē-do, -*dĭdi*, 3 : puell-a, -*ae*, f : mŏrior, *mortuus sum, dep.*, 3.
20. Ab-jĭcio, -*jēci*, -*jectum*, 3 : glădi-us, -*i*, m. : scūt-um, -*i*, n. : găle-a, -*ae*, f. : barbăr-i, -*ōrum, plu.* : fŭgio, *fūgi*, 3 : Genăb-um, -*i* : in : proxĭm-us, -*a* -*um* : silv-a, -*ae*, f.

EXERCISE XVI.

1. Hannibal, **the** leader of-the-Carthaginians, got-possession-of many **cities** by-treachery.
2. **The signal** having-been-given, the conspirators **threw-open the gates.**
3. **At** the request of the Aedui [*say*, the Aedui requesting], Caesar promised that-he would-protect the Remi.
4. The poet, whose songs we-admire, said that-the-girl was mad.
5. Caesar was-unwilling **to-be-made king.**
6. **The** hunter, **having-pursued the wild-boar,** had-entered the wood.
7. The spies, **who were-sent from the camp** at-the-fourth hour, will-return **at-midnight.**
8. Under the leadership of Hannibal [*say*, Hannibal being-leader], the Carthaginians waged war with the Romans for-many years.
9. The general, having-waited at-Marseilles for-two-days, set-out for-Narbo at-dawn.
10. **The** slave will-use the sword, which we-left on-the-ground.
11. **The** town having-been-taken by the Gauls, the soldiers were-sent under **the** yoke.
12. **This** philosopher has-said that-nobody **is-wise** at-all hours.
13. **Restore to-us the** things, which you-have-stolen, O-robbers.
14. The old-man **says that-he will-be content** with-a-small reward.
15. Having-laid-waste **the fields, the** knights returned into **the** city in-the-night.

EXERCISE XVI.

1. Hannĭbal, m.: dux, dŭcis: **Poeni**, *plu.*: pŏtior, *pŏtītus sum*, **dep.**, 4: mult-us, *-a, -um*: **urbs**, *urbis*, f.: dŏl-us, *-i*.
2. Sign-um, *-i*, n.: do, *dĕdi, dătum*, 1: conjūrāt-i, *-ōrum*, *plu.*: pătĕ-făcio, *-fēci*, 3: port-a, *-ae*.
3. Aedui, *plu.*, m.: pĕto, 3: Caesar, m.: **pol-lĭceor**, *-lĭcĭtus sum*, **dep.**, 2: se: conservo, 1: Remi, *plu.*
4. Poēt-a, *-ae*, m.: qui: carm-en, *-ĭnis*: admīror, *dep.*, 1: dīco, *dixi*, 3: puell-a, *-ae*, f.: sum: insān-us, *-a, -um*.
5. Caesar: nōlo, *anom.*: fīo, *anom.*: rex, *rēgis*.
6. Vēnāt-or, *-ōris*, m.: sĕquor, *sĕcūtus sum*, *dep.*, 3: ăper, *apri*: intro, 1: silv-a, *-ae*.
7. Spĕcŭlāt-or, *-ōris*, m.: qui: mitto, *mīsi, missum*, 3: e: castr-a, *-ōrum*, *plu.*: quárt-us, *-a, -um*: hōr-a, *-ae*, f.: rĕdeo, *anom.*, 4: mĕdia nox, *mĕdiae noctis*.
8. Hannĭb-al, *-ălis*: dux, *dŭcis*: Poeni, *plu.*: gĕro, *gessi*, 3: bellum: cum: **Rōmāni**, *plu.*: mult-us, *-a, -um*: ann-us, *-i*, m.
9. Dux, *dŭcis*, m.: mŏror, *dep.*, 1: **Massĭli-a**, *-ae*: bĭdu-um, *-i*: prŏ-fīciscor, *-fectus sum*, *dep.*, 3: **Narb-o**, *-ōnis*: **prīma lux**, *prīmae lūcis*.
10. Serv-us, *-i*: ūtor, *dep.*, 3: glădi-us, *-i*, m.: qui: rĕ-linquo, *-līqui*, 3: hŭm-us, *-i*.
11. Oppĭd-um, *-i*, n.: căpio, *cēpi, captum*, 3: a: Galli, *plu.*: mīl-es, *-ĭtis*, m.: mitto, *mīsi, missum*, 3: sub: jŭg-um, *-i*.
12. Hic: phĭlŏsŏph-us, *-i*, m.: dīco, *dixi*, 3: nēmo: săpio, 3: omn-is, *-e*: hōr-a, *-ae*, f.
13. Reddo, 3: ĕgo: res, *rĕi*, f.: qui: aufĕro, *abstŭli*, 3: latr-o, *-ōnis*.
14. Sĕn-ex, *-is*: dīco, 3: se: sum: content-us, *-a, -um*: parv-us, *-a, -um*: praemi-um, *-i*, n.
15. Vasto, 1: ăger, *agri*, m.: ĕqu-es, *-ĭtis*: **rĕd-eo**, *-ii, anom.*, 4: in: urbs, *urbis*: nox, *noctis*.

16. The ambassadors replied that-they would-give Caesar many hostages.
17. Let-us-undertake this work cheerfully, O-companions.
18. This town, which is-distant about four miles from the sea, is-called Athens.
19. We-all know that-the-moon is smaller than the earth.
20. Caesar, relying-on the valour of-the-tenth legion, drew-up his-line-of-battle at-the-foot-of the mountain.

EXERCISE XVII.

1. This exile, who has-lived for-sixteen years at-Tomi, is worthy of-the-greatest compassion.
2. The carcase of-the-lioness, which the hunter has-killed with-his-spear, is eight feet long.
3. Having-advanced twenty-four miles in-one day, the soldiers have-encamped before the town, which they-will-endeavour to-take-by-storm in-the-morning.
4. Caesar, who noticed that-the-soldiers were-exhausted by-their-wounds, ordered the reserves to-be-sent-forward.
5. Most-men prefer to-live at-Rome in-the-winter, and at-Naples in-the-summer.
6. At the beginning of spring [*say*, spring beginning], the sailors will-launch the ships, which they-repaired in-the-autumn.
7. Let-us-imitate our-mother Julia, O-girls.
8. Let-the-merchant sell the elephants and donkeys, which he-has-brought from-Carthage to-Syracuse.

16. Lēgāt-ūs, -*i* : re-spondeo, -*spondi*, 2 : se : do, **dĕdi, dătum,**
    1 : Caes-ar, -*ăris* : mult-us, -*a*, -*um* : obs-es, -*ĭdis*, c.
17. Suscĭpio, 3 : hic : ŏpus, n. : lĭbenter : cŏm-es, -*ĭtis*.
18. Hic : oppĭd-um, -*i*, n. : qui : disto, 1 : circĭter : quătuor :
    mille passūs : a : măre : vŏcor, 1 : Āthēn-ae, -*ārum,*
    plu.
19. Omn-is, -*e* : scio, 4 : lūn-a, -*ae*, f. : sum : parv-us, -*a*, -*um* :
    terr-a, -*ae*.
20. Caesar, m. : frēt-us, -*a*, -*um* : virt-ūs, -*ūtis* : **dĕcĭm-us,**
    -*a*, -*um* : lĕgi-o, -*ōnis*, f. : in-struo, -*struxi*, 3 : ăci-es,
    -*ēi* : sub : mons, *montis*.

EXERCISE XVII.

1. Hic : **exs-ul,** -*ŭlis*, **m.** : qui : hăbĭto, 1 : sēdĕcim : **ann-us,**
   -*i*, m. : **Tŏm-i,** -*ōrum, plu.* : sum : **dign-us,** -*a*, -*um* :
   magn-us, -*a*, -*um* : mĭsĕrĭcordi-a, -*ae*, **f.**
2. Cădāv-er, -*ĕris*, **n.** : leaen-a, -*ae*, f. : qui : **vēnāt-or,** -*ōris* :
   inter-fĭcio, -*fēci*, 3 : hast-a, -*ae* : sum : octo : **pes, m.** :
   long-us, -*a*, -*um*.
3. **Prō-grĕdior,** -*gressus sum, dep.*, 3 : vīginti quătuor : **mille**
   passūs : ūnus : dies, **m.** : mīl-es, -*ĭtis* : con-sīdo, -*sēdi*,
   3 : ante : oppĭd-um, -*i*, n. : qui : **cōnor, *dep.*,** 1 :
   expugno, 1 : māne, *indecl.*
4. Caesar, m. : qui : ănĭmad-verto, -*verti*, 3 : mīl-es, -*ĭtis*, m. :
   con-fĭcio, **-*fēci*,** -*fectum*, 3 : vuln-us, -*ĕris* : jŭbeo,
   jussi, 2 : **subsĭdi-a,** -*ōrum, plu.* : praemitto, 3.
5. Plērīque, *plu.* : **mālo,** *anom.* : hăbĭto, 1 : Rōm-a, -*ae* :
   hi-ems, -*ĕmis* : et : Neāpŏl-is, -*is* : aest-as, -*ātis*.
6. **Ver,** *vēris,* **n.** : ĭneo, *anom.*, 4 : naut-a, **-*ae*** : dēdūco, 3 :
   nāv-is, -*is*, f. : qui : rĕ-fĭcio, -*fēci*, 3 : auctumn-us, -*i*.
7. Imĭtor, *dep.*, 1 : mā-ter, **-*tris*** : Juli-a, -*ae* : puell-a, -*ae*.
8. Mercāt-or, -*ōris* : vendo, 3 : ĕlĕphant-us, -*i*, m. : et :
   ăsĭn-us, -*i*, m. : qui : ad-dūco, -*duxi*, 3 : Carthāg-o,
   -*ĭnis* : Sўrācūs-ae, -*ārum, plu.*

P

9. Troy, which was-taken by the Greeks in-the-tenth year, was a very-famous city.
10. This old-man lives-on the fish, which he-catches in the sea with-nets and hooks.
11. Punish the lazy boys, O-masters.
12. Fill these cups with-red wine, O-attendants.
13. Having-left three cohorts in the camp, the general proclaimed that-he would-set-out in-the-evening.
14. We-hear that-the-army has-been-defeated by Marius.
15. Many-people believe that-moles are blind.
16. The orator asserted in-the-presence-of the captives that-they would-be-condemned.
17. Two poets have-set-out from-Rome to-day, the one for-Athens, the other for-Alexandria.
18. Let-the-children use the rattles, which their-grandfathers have-given them.
19. The youth told the maiden, whom he-loved, that-he would-give her a gold ring.
20. Having-shut the doors, the woman read-through the letter, which she-had-received from her-husband.

EXERCISE XVIII.

1. We-were-aroused at-midnight from sleep by-the-shouts of-the-conquerors, who were-returning home.
2. These men, who have-been-made consuls to-day by the Roman People, will-perform all their-duties faithfully.

9. Trōj-a, -*ae*, f. : qui : căpio, *cēpi, captum*, 3 : a : Graeci, *plu.* : děcĭm-us, -*a*, -*um* : ann-us, -*i*, m. : sum : illustr-is, -*e* : urbis, *urbis*, f.
10. Hic : sĕn-ex, -*is*, m. : vescor, *dep.*, 3 : pisc-is, -*is*, m. : qui : căpio, 3 : in : măre : rēt-e, -*is* : et : hăm-us, -*i*.
11. Pūnio, 4 : ignāv-us, -*a*, -*um* : puer, m. : măgister.
12. Impleo, 2 : hic : pōcŭl-um, -*i*, n. : rŭ-ber, -*bra*, -*brum* : vīn-um, -*i*, n. : mĭnis-ter, -*tri*.
13. Rĕ-linquo, -*līqui*, -*lictum*, 3 : tres : cŏhors, *cŏhortis*, f. : in : castr-a, -*ōrum*, *plu.* : dux, *dŭcis* : ē-dīco, -*dixi*, 3 : se : prō-fĭciscor, -*fectus sum*, *dep.*, 3 : vesp-er, -*ĕri* and -*ĕris*.
14. Audio, 4 : exercĭt-us, -*ūs*, m. : dē-vinco, -*vīci*, -*victum*, 3 : a : Marius.
15. Mult-us, -*a*, -*um* : crēdo, 3 : talp-a, -*ae*, c. : sum : caec-us, -*a*, -*um*.
16. Orāt-or, -*ōris* : affirmo, 1 : cōram : captīv-us, -*i* : is : condemno, 1.
17. Duo : poēt-a, -*ae*, m. : prō-fĭciscor, -*fectus sum*, *dep.*, 3 : Rōm-a, -*ae* : hŏdiē : alter : Ăthēn-ae, -*ārum*, *plu.* : alter : Ălexandri-a, -*ae*.
18. Lĭbĕr-i, -*ōrum*, *plu.* : ūtor, *dep.*, 3 : crĕpundi-a, -*ōrum*, *plu.*, n. : qui : ăv-us, -*i* : do, *dĕdi*, 1 : is.
19. Jŭvĕn-is, -*is* : dīco, *dixi*, 3 : virgo, f. : qui : ămo, 1 : se : do, *dĕdi*, *dătum*, 1 : is : aure-us, -*a*, -*um* : ānŭl-us, -*i*, m.
20. Claudo, *clausi*, *clausum*, 3 : fŏr-is, -*is*, f. : mŭli-er, -*ĕris* : per-lĕgo, -*lēgi*, 3 : lĭtĕr-ae, -*ārum*, *plu.*, f. : qui : ac-cĭpio, -*cēpi*, 3 : a : mărīt-us, -*i*.

EXERCISE XVIII.

1. Excĭto, 1 : mĕdia nox, *mĕdiae noctis* : e : somn-us, -*i* : clām-or, -*ōris* : vict-or, -*ōris*, m. : qui : rĕdeo, *anom.*, 4 : dŏm-us, -*ūs*.
2. Hic : vir, *vĭri*, m. : qui : fīo, *factus sum*, *anom.*, : cons-ul, -*ŭlis* : hŏdiē : a : Rōmān-us, -*a*, -*um* : Pŏpŭl-us, -*i*, m. : fungor, *dep.*, 3 : omn-is, -*e* : offĭci-um, -*i*, n. : fĭdēlĭter.

3. The slave and the boy were-exercising the mares, which Marcus had-bought **at-Tarentum**.
4. Having-seized the hare with-his-talons, **the** hawk flew to the nest, which he-had-built on the mountain.
5. **The thieves, by** whom the temple was-plundered, having-been-arrested by the guards, have-been-cast **into** chains.
6. The army, which Crassus **raised** at-Sardis, halted **for-the-whole** night at-Ephesus.
7. **The** ships having-been-wrecked, the sailors will-live-on fish and the **roots of-trees for-many** months.
8. **The exile being-about-to-return home, the** citizens were-**rejoicing**.
9. Carthage having-been-destroyed, no nation was-able to-conquer the Romans, your ancestors.
10. The enemy, who were-endeavouring to-march through the Roman Province, have-been-driven-back by Caesar.
11. **This** speech having-been-made, **the** rustics **returned thanks** to-the-orator, who had-promised **them so-**many acres and **cows**.
12. **The** captives have-been-**led** from-Brindisi to-Rome in-three-days.
13. The **active** soldiers have-climbed a **wall, which is** thirteen feet high.
14. Caesar thought that-the-Nervii would-get-possession-of the camp.
15. **We-hope** that-you will-live **for-many** years.

3. Serv-us, -*i* : et : puer : exerceo, 2 : ĕqu-a, -*ae*, f. : qui : Marcus : ĕmo, *ēmi*, 3 : Tărent-um, -*i*.
4. Cor-rĭpio, -*rĭpui*, -*reptum*, 3 : lĕp-us, -*ŏris*, m. : ungu-is, -*is* : accĭpĭ-ter, -*tris* : advŏlo, 1 : ad : nīd-us, -*i*, m. : qui : con-struo, -*struxi*, 3 : in : mons, *montis*.
5. Fur, *fūris*, c. : a : qui : templ-um, -*i*, n. : dī-rĭpio, -*rĭpui*, -*reptum*, 3 : com-prĕhendo, -*prĕhendi*, -*prĕhensum*, 3 : a : cust-os, -*ōdis* : con-jĭcio, -*jēci*, -*jectum*, 3 : in : vincŭl-um, -*i*.
6. Exercĭt-us, -*ūs*, m. : qui : Crassus : compăro, 1 : Sard-es, -*ium*, *plu*. : con-sisto, -*stĭti*, 3 : tōt-us, -*a*, -*um* : nox, *noctis*, f. : Ephĕs-us, -*i*.
7. Nāv-is, -*is*, f. : frango, *frēgi*, *fractum*, 3 : naut-a, -*ae* : vescor, *dep*., 3 : pisc-is, -*is* : et : rād-ix, -*īcis* : arb-or, -*ŏris* : mult-us, -*a*, -*um* : mens-is, -*is*, m.
8. Exs-ul, -*ŭlis*, m. : rĕd-eo, -*ii*, -*ĭtum*, anom., 4 : dŏm-us, -*ūs* : cīv-is, -*is* : gaudeo, 2.
9. Carthāg-o, -*ĭnis*, f. : dēl-eo, -*ēvi*, -*ētum*, 2 : null-us, -*a*, -*um* : gens, *gentis*, f. : possum, anom. : vinco, 3 : Rōmāni, *plu*. : vester : mājōr-es, -*um*, *plu*., m.
10. Host-is, -*is*, m. : qui : cōnor, *dep*., 1 : ĭter făcio, 3 : per : Rōmān-us, -*a*, -*um* : Prōvinci-a, -*ae*, f. : rĕ-pello, -*pŭli*, -*pulsum*, 3 : a : Caes-ar, -*ăris*.
11. Hic : ōrāti-o, -*ōnis*, f. : hăbeo, 2 : agrest-is, -*is* : ăgo, *ēgi*, 3 : grāti-ae, -*ārum*, *plu*. : ōrāt-or, -*ōris*, m. : qui : prō-mitto, -*mīsi*, 3 : is : tot, *indecl*. : jūgĕr-um, -*i*, n. : et : vacc-a, -*ae*, f.
12. Captīv-us, -*i*, m. : ad-dūco, -*duxi*, -*ductum*, 3 : Brundŭsi-um, -*i* : Rōm-a, -*ae* : trīdu-um, -*i*.
13. Impĭ-ger, -*gra*, -*grum* : mīl-es, -*ĭtis*, m. : a-scendo, -*scendi*, 3 : mūr-us, -*i*, m. : qui : sum : trĕdĕcim : pes, m. : alt-us -*a*, -*um*.
14. Caesar : existĭmo, 1 : Nervii, *plu*., m. : pŏtior, *pŏtītus sum*, *dep*., 4 : castr-a, -*ōrum*, *plu*.
15. Spēro, 1 : tu : vīvo, *vixi*, *victum*, 3 : mult-us, -*a*, -*um* : ann-us, -*i*, m.

16. The spies, having-returned into the camp, announced that-the-Gauls had-stormed the city at-the-third hour.
17. My wife and sister, whom you-have-seen, are endued with-great wisdom.
18. The judge, moved by-the-tears of-the-maidens, has-acquitted the youths.
19. My grandfather, who died yesterday at-Cadiz, was richer than your uncle, who lives at-Carthage.
20. I, who prefer to-remain at-home, have-sent this letter to you, who pass your-life at-the-wars.

EXERCISE XIX.

1. The boys, having-finished their-work, love to-swim in-summer in this river.
2. The soldiers having-been-landed, the general, having-advanced ten miles from that place, encamped at-Capua in-the-evening.
3. The books, about which we-spoke yesterday, will-be-read by many boys.
4. On-the-next day, Caesar, having-left all his-baggage at-Vellaunodunum, wished to-join battle with the enemy without delay.
5. The master said that-my sister was wiser than his-own son.
6. The woman, whose daughter the robbers have-carried-off, has seven sons.
7. In-summer the birds, whose songs we-love to-hear, build their-nests in these woods.

16. Spĕcŭlāt-or, -ōris, m. : re-grĕdior, -gressus sum, dep., 3 :
in : castr-a, -ōrum, plu. : nuntio, 1 : Galli, plu. : op-
pugno, 1 : urbs, urbis : terti-us, -a, -um : hōr-a,
-ae, f.
17. Meus : ux-or, -ōris, f. : et : sŏr-or, -ōris, f. : qui : vĭdeo,
vīdi, 2 : sum : praedĭt-us, -a, -um : magn-us, -a, -um :
săpienti-a, -ae, f.
18. Jūdex, m. : mŏveo, mōvi, mōtum, 2 : lacrĭm-a, -ae : virgo :
absol-vo, -vi, 3 : ădŏlesc-ens, -entis.
19. Meus : ăv-us, -i, m. : qui : mŏrior, mortuus sum, dep., 3 :
hĕri : Gād-es, -ium, plu. : sum : dīv-es, -ĭtis, adj. :
tuus : ăvuncŭl-us, -i, m. : qui : hăbĭto, 1 : Carthāg-o,
-ĭnis.
20. Ĕgo : qui : mālo, anom. : măneo, 2 : dŏm-us, -ūs : mitto,
mīsi, 3 : hic : lĭtĕr-ae, -ārum, plu. f. : ad : tu : qui :
ăgo, 3 : vīt-a, -ae : bellum.

EXERCISE XIX.

1. Puer : con-fĭcio, -fēci, -fectum, 3 : ŏpus, n. : ămo, 1 :
năto, 1 : aest-as, -ātis : in : hic : flŭvi-us, -i, m.
2. Mīl-es, -ĭtis, m. : ex-pōno, -pŏsui, -pŏsĭtum, 3 : dux, dŭcis,
m. : prō-grĕdior, -gressus sum, dep., 3 : dĕcem : mille
passūs : ab : is : lŏc-us, -i, m. : con-sīdo, -sēdi, 3 :
Căpu-a, -ae : vesp-er, -ĕri and -ĕris.
3. Lĭ-ber, -bri, m. : de : qui : dīco, dixi, 3 : hĕri : lĕgo, 3 :
a : mult-us, -a, -um : puer, m.
4. Postĕr-us, -a, -um : dies, m. : Caesar : rĕ-linquo, -līqui,
-lictum, 3 : omn-is, -e : impĕdīment-a, -ōrum, plu., n. :
Vellaunodūn-um, -i : vŏlo, anom. : committo, 3 :
proeli-um, -i : cum : host-is, -is : sĭne : mŏr-a, -ae.
5. Măgister : dīco, dixi, 3 : meus : sŏr-or, -ōris, f. : sum :
săpi-ens, -entis, adj. : suus : fīlius, m.
6. Fēmĭn-a, -ae, f. : qui : fīli-a, -ae : latr-o, -ōnis : aufĕro,
abstŭli, 3 : hăbeo, 2 : septem : fīlius, m.
7. Aest-as, -ātis : ăv-is, -is, f. : qui : cant-us, -ūs : ămo, 1 :
audio, 4 : construo, 3 : nīd-us, -i : in : hic : silv-a, -ae, f.

8. The king, having-got-possession-of the treasury by-force, thus addressed the angry citizens, who had-already rushed to arms.
9. On the return of spring [*say*, spring returning], Caesar marched into Further Gaul with the two legions, which he-had-lately enrolled.
10. The pirates, whom the guards have-arrested, have-confessed in-the-presence-of the king and queen, that-they are unworthy of-life.
11. The islands, which Pompey has-subdued, are larger than Rhodes.
12. Having-read the letter, he-said that-he would-consult his-friends.
13. Let-us-sail from-Cyprus to Sicily.
14. My-sister told me that-she had-remained at-Baiae for-two-years.
15. A rebellion having-broken-out within the city, the lieutenant ordered the centurions to-seize the gates.
16. The master, relying-on the honesty of-his-slaves, has-left all his-money at-home.
17. Having-killed his-father, the son fled from-Tarentum to-Syracuse.
18. We, who were-surrounding the bed, thought that-you were-dying.
19. We-know that-we are dearer to-you than riches.
20. The farmer killed the mole with-a-pitchfork, which he-had in his-hand.

8. Rex, *rēgis*, m.: pŏtior, *pŏtītus sum, dep.*, 4: aerāri-um, *-i*: vis, *defect.*: ĭta: al-lŏquor, *-lŏcūtus sum, dep.*, 3: īrāt-us, *-a, -um*: cīv-is, *-is*, c.: qui: jam: con-curro, *-curri*, 3: ad: arm-a, *-ōrum, plu.*
9. Ver, *vēris*, n.: rĕdeo, *anom.*, 4: Caesar: ĭter făcio, *fēci*, 3: in: Ultĕri-or, *-us*: Galli-a, *-ae*, f.: cum: duo: lĕgi-o, *-ōnis*, f.: qui: nūper: con-scrībo, *-scripsi*, 3.
10. Praed-o, *-ōnis*, m.: qui: cust-os, *-ōdis*: com-prĕhendo, *-prĕhendi*, 3: con-fĭteor, *-fessus sum, dep.*, 2: cōram: rex, *rēgis*: et: rēgīn-a, *-ae*: se: sum: indign-us, *-a, -um*: vīt-a, *-ae*.
11. Insŭl-a, *-ae*, f.: qui: Pompēius: sub-ĭgo, *-ēgi*, 3: sum: magn-us, *-a, -um*: Rhŏd-us, *-i*.
12. Lĕgo, *lēgi, lectum*, 3: ĕpistŏl-a, *-ae*, f.: dīco, *dixi*, 3: se: con-sŭlo, *-sŭlui, -sultum*, 3: ămīc-us, *-i*.
13. Năvĭgo, 1: Cypr-us, *-i*: in: Sĭcĭli-a, *-ae*.
14. Sŏr-or, *-ōris*: dīco, *dixi*, 3: ĕgo: se: măneo, *mansi*, 2: Bai-ae, *-ārum, plu.*: bienni-um, *-i*.
15. Sēdĭti-o, *-ōnis*, f.: ex-ŏrior, *-ortus sum, dep.*, 4: intra: urbs, *urbis*: lēgāt-us, *-i*: jŭbeo, *jussi*, 2: centŭri-o, *-ōnis*: occŭpo, 1: port-a, *-ae*.
16. Dŏmĭnus, m.: frēt-us, *-a, -um*: prŏbĭt-as, *-ātis*: serv-us, *-i*: rĕ-linquo, *-līqui*, 3: omn-is, *-e*: pĕcūni-a, *-ae*, f.: dŏm-us, *-ūs*.
17. Inter-fĭcio, *-fēci, -fectum*, 3: păter, m.: fīlius: fŭgio, *fūgi*, 3: Tărent-um, *-i*: Sўrācūs-ae, *-ārum, plu.*
18. Ĕgo: qui: circumsto, 1: cŭbīl-e, *-is*: pŭto, 1: tu: mŏrior, *dep.*, 3.
19. Scio, 4: ĕgo: sum: cār-us, *-a, -um*: tu: dīvĭti-ae, *-ārum, plu.*
20. Agrĭcŏl-a, *-ae*: inter-fĭcio, *-fēci*, 3: talp-a, *-ae*: furc-a, *-ae*, f.: qui: hăbeo, 2: in: măn-us, *-ūs*.

EXERCISE XX.

1. The hostages having-been-given, **Caesar returned into winter-quarters with** his-legions.
2. **In the absence of** Labienus [*say*, Labienus being-absent], the soldiers will-not be-able to-take **the** tower.
3. The Gauls, having-been-informed of the arrival of-Caesar, promised that-they would-send hostages to him **immediately.**
4. **Let-the-boy use diligently the ability,** which God has-given him.
5. **We, who are-enjoying repose in-the-country, have-sent ten partridges and eight hares to you, who have-lived** for-six years at-Cadiz.
6. Your **mother thinks** that-her-own **daughters are** more-**beautiful than my** sisters.
7. I-hope that-we shall-soon hear that-Caesar has-overcome Pompey.
8. Pompey's head **having-been-cut-off,** his-corpse was-left **on the shore.**
9. **Some** are-endeavouring to-cross **the** river, others to-drive-back our knights with-their-weapons.
10. **My** uncle is-said to-have-been richer than your **grand-father.**
11. **The slave, having-set-out** in-the-morning from-Brindisi, **will-arrive at the** city in-the-third **watch.**
12. **The sailors, who slept** the whole **night in** this cave, would-have-come **into** the **city to-day** with their-companions.
13. **Cut-down the bridge with-the-axes and** saws, which you-have in your-hands, O-soldiers.

EXERCISE XX.

1. Obs-es, *-ĭdis*, c. : do, *dĕdi, dătum*, 1 : Caesar : rĕd-eo, *-ii, anom.*, 4 : in : hībern-a, *-ōrum, plu.* : cum : lĕgi-o, *-ōnis*.
2. Labiēnus, m. : abs-ens, *-entis* : mīl-es, *-ĭtis* : non : possum, *anom.* : căpio, 3 : oppĭd-um, *-i*.
3. Galli, *plu.*, m. : certior fīo, *factus sum, anom.* : de : advent-us, *-ūs* : Caes-ar, *-ăris* : pol-lĭceor, *-lĭcĭtus sum, dep.*, 2 : se : mitto, *mīsi, missum*, 3 : obs-es, *-ĭdis* : ad : is : stătim.
4. Puer : ūtor, *dep.*, 3 : dīlĭgenter : ingĕni-um, *-i*, n. : qui : Deus : do, *dĕdi*, 1 : is.
5. Ĕgo : qui : fruor, *dep.*, 3 : ōti-um, *-i* : rus, *rūris* : mitto, *mīsi*, 3 : dĕcem : perd-ix, *-īcis*, c. : et : octo : lĕp-us, *-ŏris*, m. : ad : tu : qui : hăbĭto, 1 : sex : ann-us, *-i*, m. : Gād-es, *-ium, plu*.
6. Tuus : mā-ter, *-tris*, f. : pŭto, 1 : suus : fīli-a, *-ae*, f. : sum : pul-cher, *-chra, -chrum* : meus : sŏr-or, *-ōris*, f.
7. Spēro, 1 : ĕgo : mox : audio, 4 : Caes-ar, *-ăris* : vinco, *vīci*, 3 : Pompēius.
8. Căput, n. : Pompēius : ab-scindo, *-scĭdi, -scissum*, 3 : cădāv-er, *-ĕris*, n. : rĕ-linquo, *-līqui, -lictum*, 3 : in : līt-us, *-ŏris*.
9. Ălius : cōnor, *dep.*, 1 : transeo, *anom.*, 4 : flūm-en, *-ĭnis* : ălius : rĕpello, 3 : noster : ĕqu-es, *-ĭtis*, m. : tēl-um, *-i*.
10. Meus : ăvuncŭl-us, *-i*, m. : dīcor, 3 : sum : dīv-es, *-ĭtis*, *adj.* : tuus : ăv-us, *-i*, m.
11. Serv-us, *-i*, m. : prŏ-fĭciscor, *-fectus sum, dep.*, 3 : māne, *indecl.* : Brundŭsi-um, *-i* : pervĕnio, 4 : in : urbs, *urbis* : terti-us, *-a, -um* : vĭgĭli-a, *-ae*, f.
12. Naut-a, *-ae*, m. : qui : dormio, 4 : tōt-us, *-a, -um* : nox, *noctis*, f. : in : hic : antr-um, *-i*, n. : vĕnio, *vēni*, 4 : in : urbs, *urbis* : hŏdiē : cum : cŏm-es, *-ĭtis*.
13. Rescindo, 3 : pons, *pontis* : sĕcūr-is, *-is*, f. : et : serr-a, *-ae*, f. : qui : hăbeo, 2 : in : măn-us, *-ūs* : mīl-es, *-ĭtis*.

14. This lake is **seventy miles long and eight hundred feet deep**.
15. Tityrus was-**lying** on-the-ground beneath the spreading beech.
16. **The** citizens, having-departed from the **city** in-silence a-**little** before midnight, began to-cross the **river**.
17. **These** slaves have-been-tortured with-the-**greatest** cruelty.
18. **The** judge **said** that-he would-punish all the conspirators with-the-utmost severity.
19. We-know that-the-temple will-be-destroyed by the **fierce soldiers**.
20. Having-raised **a shout, the sailors jumped** from the ship into **the waves**.

EXERCISE XXI.

1. The **father** told his-daughter that-she was very-dear to-him.
2. The **boy** has-confessed to-his-grandfather that-he stole the **apples**.
3. **The** captives, who have-been-accused by Brutus, are-silent.
4. **In**-the-summer the warm rays of-the-sun melt the **snow, which** covers these mountains in-the-winter.
5. The **girl**, to-whom I-gave the gold ring, **was**-gathering primroses and violets in the wood.
6. Caesar saw **that-the-**bridge had-been-**set-on-fire by** the enemy.
7. Having-left his-baggage on a **mound,** he-himself determines to-attack the Remi at-midnight.

14. Hic: lăc-us, *-ūs*, m.: sum: septuāginta: mille passūs: long-us, *-a, -um*: et: octingent-i, *-ae, -a*: pes, m.: alt-us, *-a, -um*.
15. Tītўrus: rĕcŭbo, 1: hŭm-us, *-i*: sub: pătŭl-us, *-a, -um*: fāg-us, *-i*, f.
16. Cīv-is, *-is*, c.: e-grĕdior, *-gressus sum, dep.*, 3: ex: urbs, *urbis*: sĭlenti-um, *-i*: paulo: ante: mĕdia nox, *mĕdiae noctis*: coepi, *defect.*: transeo, *anom.*, 4: flūm-en, *-ĭnis*.
17. Hic: serv-us, *-i*, m.: excrŭcio, 1: magn-us, *-a, -um*: crūdēlĭt-as, *-ātis*, f.
18. Jūdex: dīco, *dixi*, 3: se: pūnio, 4: omn-is, *-e*: conjūrāt-i, *-ōrum, plu.*, m.: summ-us, *-a, -um*: sĕvērĭt-as, *-ātis*, f.
19. Scio, 4: templ-um, *-i*: dĕl-eo, *-ēvi, -ētum*, 2: a: saev-us, *-a, -um*: mīl-es, *-ĭtis*, m.
20. Tollo, *sustŭli, sublātum*, 3: clām-or, *-ōris*, m.: naut-a, *-ae*: dē-sĭlio, *-sĭlui*, 4: de: nāv-is, *-is*: in: und-a, *-ae*.

EXERCISE XXI.

1. Păter: dīco, *dixi*, 3: fīli-a, *-ae*: is: sum: cār-us, *-a, -um*: se.
2. Puer, m.: con-fĭteor, *-fessus sum, dep.*, 2: ăv-us, *-i*: se: sur-rĭpio, *-rĭpui*, 3: māl-um, *-i*.
3. Captīv-us, *-i*, m.: qui: accūso, 1: **a**: Brutus: tăceo, 2.
4. Aest-as, *-ātis*: călĭd-us, *-a, -um*: rădi-us, *-i*, m.: sol, *sōlis*: lĭquĕfăcio, 3: nix, *nĭvis*, f.: qui: tĕgo, 3: hic: mons, *montis*, m.: hi-ems, *-ĕmis*.
5. Puell-a, *-ae*, f.: qui: do, *dĕdi*, 1: aure-us, *-a, -um*: ănŭl-us, *-i*, m.: lĕgo, 3: prīmŭl-a, *-ae*: et: viŏl-a, *-ae*: in: silv-a, *-ae*.
6. Caesar: vĭdeo, *vīdi*, 2: pons, *pontis*, m.: in-cendo, *-cendi, -censum*, 3: ab: host-is, *-is*.
7. Rĕ-linquo, *-līqui, -lictum*, 3: impĕdīment-a, *-ōrum, plu.*, n.: in: tŭmŭl-us, *-i*: ipse: stătuo, 3: aggrĕdior, *dep.*, 3: **Remi**, *plu.*: mĕdia, nox, *mĕdiae noctis*.

8. The Germans settled on-this-side-of the river Rhine on-account-of the fertility of-the-district.
9. The Helvetii, whose army Caesar has-defeated, will-return home through the Roman Province.
10. Having-surrounded the city with-an-earthwork and a ditch, the general ordered the soldiers to-enjoy rest for-three days.
11. On-the-fourth day the brother, having-avenged the death of-his-sister, will-set-out from-Carthage for-Capua.
12. The knights, who use iron spears and golden spurs, have-laid-waste the fields.
13. Having-made this speech, the general would-have-sat-down.
14. We-hear that-the-merchant cannot pay the money.
15. The fishes, which swim in this lake, live-on gnats and flies.
16. The slave told his-master that-he was very-cruel.
17. The master replied that-he was kinder than Marcus.
18. Having-seized a stick, the master beat the slave's back severely.
19. The sailor, having-killed my friend's dog with-his-knife, threw the carcass over the wall into our neighbour's garden.
20. There it-was-left the whole night on-the-ground.

8. **Germāni**, *plu.* : con-sīdo, *-sēdi*, 3 : cis : flūm-en, *-ĭnis* : Rhēn-us, *-i* : propter : fertĭlĭt-as, *-ātis* : rĕgi-o, *-ōnis*.
9. Helvetii, *plu.*, **m.** : qui : exercĭt-us, *-ūs* : Caesar : dē-vinco, *-vīci*, 3 : **rĕdeo**, *anom.*, 4 : dŏm-us, *-ūs* : per : Rōmān-us, *-a, -um* : Prōvinci-a, *-ae*, **f.**
10. Circum-do, *-dĕdi, -dătum*, 1 : urbs, *urbis*, f. : agg-er, *-ĕris* : et : foss-a, *-ae* : dux, *dŭcis* : jŭbeo, *jussi*, 2 : mīl-es, *-ĭtis* : **fruor**, *dep.*, 3 : qui-es, *-ētis* : tres : dies, m.
11. Quart-us, *-a, -um* : dies, m. : frā-ter, *-tris*, **m.** : ulciscor, *ultus sum, dep.*, 3 : mors, *mortis* : sŏr-or, *-ōris* : prŏfĭciscor, *dep.*, 3 : Carthāg-o, *-ĭnis* : Căpu-a, *-ae*.
12. Ĕqu-es, *-ĭtis*, m. : qui : **ūtor**, *dep.*, 3 : ferre-us, *-a, -um* : hast-a, *-ae*, f. : et : aure-us, *-a, -um* : calcar, n. : vasto, 1 : ăger, *agri*.
13. Hăbeo, 2 : hic : ōrāti-o, *-ōnis*, f. : dux, *dŭcis* : con-sīdo, *-sēdi*, 3.
14. Audio, 4 : mercāt-or, *-ōris* : non : possum, *anom.* : solvo, 3 : pĕcūni-a, *-ae*.
15. Pisc-is, *-is*, **m.** : qui : năto, 1 : in : hic : lăc-us, *-ūs*, **m.** : vescor, *dep.*, 3 : cŭl-ex, *-ĭcis* : et : musc-a, *-ae*.
16. Serv-us, *-i* : dīco, *dixi*, 3 : dŏmĭnus : is : sum : crūdēl-is, *-e*.
17. Dŏmĭnus : re-spondeo, *-spondi*, 2 : se : sum : bĕnign-us, *-a, -um* : Marcus.
18. Ar-rĭpio, *-rĭpui, -reptum*, 3 : băcŭl-um, *-i*, n. : dŏmĭnus : verbĕro, 1 : terg-um, *-i* : serv-us, *-i* : grăvĭter.
19. Naut-a, *-ae* : inter-fĭcio, *-fēci, -fectum*, 3 : căn-is, *-is*, c. : meus : ămīc-us, *-i*, m. : cul-ter, *-tri* : trā-jĭcio, *-jēci*, 3 : cădāv-er, *-ĕris* : trans : mūr-us, *-i* : in : hort-us, *-i* : noster : vīcīn-us, *-i*, m.
20. Ibi : rĕ-linquo, *-līqui, -lictum*, 3 : tōt-us, *-a, -um* : nox, *noctis*, f. : hŭm-us, *-i*.

EXERCISE XXII.

1. This battle **having**-been-fought, ambassadors were-sent from-Carthage to-Rome about peace.
2. **No enemy hindering** his-march, Caesar led his-army into the Roman Province, and there wintered.
3. **The** soothsayer told Claudius that-the-sacred chickens were-unwilling to-eat.
4. Having-set-fire-to **all the buildings of-that** village, **the** general hastened **by-forced marches into the territories** of-the-Remi.
5. **Caesar, alarmed at-the-scarcity of-food,** determined to-wait-for the corn, **which** he-had-demanded from the **Aedui.**
6. **We-hope** that-the-rooks will-build their-nests in our elms in-the-early spring.
7. Having-set-out from-Byzantium in-the-morning, the knight will-arrive at this city on-the-sixth day.
8. We-have-often heard that-Caesar was an active general.
9. **The** lieutenant ordered **the** legions to-halt either at-Marseilles **or** at-Narbo.
10. **The** shepherd's wife, **by whom** Romulus and Remus were-brought-up, was-called Larentia.
11. **The citizens** thought that-Balbus would-be-condemned.
12. **Having-consulted** his-father and mother, the youth determined to-go to-Athens **without** his-uncle.
13. The merchant, whose ships **have-been-**wrecked, lived for-ten years at-Carthage.

EXERCISE XXII.

1. Hic : proeli-um, -i, n. : făcio, fēci, factum, 3 : lēgāt-us, -i, m. : mitto, mīsi, missum, 3 : Carthāg-o, -ĭnis : Rōm-a, -ae : de : pax, pācis.
2. Null-us, -a, -um : host-is, -is, m. : dēmŏror, dep., 1 : ĭter, ĭtĭnĕris : Caesar : dūco, duxi, 3 : exercĭt-us, -ūs : in : Rōmān-us, -a, -um : Prōvinci-a, -ae, f. : et : ĭbi : hiĕmo, 1.
3. Hărusp-ex, -ĭcis : dīco, dixi, 3 : Claudius : să-cer, -cru, -crum : pull-us, -i, m. : nōlo, anom. : ĕdo, 3.
4. In-cendo, -cendi, -censum, 3 : omn-is, -e : aedĭfĭci-um, -i, n. : is : vīc-us, -i, m. : dux, dŭcis : con-tendo, -tendi, 3 : magn-us, -a, -um : ĭter, ĭtĭnĕris, n. : in : fīn-es, -ium, plu. : Remi, plu.
5. Caesar, m. : per-mŏveo, -mōvi, -mōtum, 2 : ĭnŏpi-a, -ae : cĭb-us, -i : stăt-uo, -ui, 3 : expecto, 1 : frūment-um, -i, n. : qui : postŭlo, 1 : ab : Aedui, plu.
6. Spēro, 1 : corn-ix, -ĭcis, f. : făcio, fēci, factum, 3 : nīd-us, -i : in : noster : ulm-us, -i, f. : nŏv-us, -a, -um : ver, vĕris, n.
7. Prŏ-fĭciscor, -fectus sum, dep., 3 : Byzanti-um, -i : māne, indec. : ĕqu-es, -ĭtis, m. : pervĕnio, 4 : in : hic : urbs, urbis, f. : sext-us, -a, -um : dies, m.
8. Saepe : audio, 4 : Caes-ar, -ăris : sum : impĭ-ger, -gra, -grum : dux, dŭcis, m.
9. Lēgāt-us, -i : jŭbeo, jussi, 2 : lĕgi-o, -ōnis : consisto, 3 : aut : Massĭli-a, -ae : aut : Narb-o, -ōnis.
10. Ux-or, -ōris, f. : past-or, -ōris : a : qui : Rōmŭlus : et : Rĕmus : ēdūco, 1 : vŏcor, 1 : Lărenti-a, -ae.
11. Cīv-is, -is : pŭto, 1 : Balbus : condemno, 1.
12. Con-sŭlo, -sŭlui, -sultum, 3 : păter, m. : et : mă-ter, -tris, f. : ădŏlesc-ens, -entis : stăt-uo, -ui, 3 : eo, anom., 4 : Ăthēn-ae, -ārum, plu. : sĭne : ăvuncŭl-us, -i.
13. Mercāt-or, -ōris, m. : qui : nāv-is, -is, f. : frango, frēgi, fractum, 3 : hăbĭto, 1 : dĕcem : ann-us, -i, m. : Carthāg-o, -ĭnis.

14. The girls, to-whom we-have-given the books, are worthy of-the-greatest praise.
15. The **barbarians cut-off** the noses, ears, [and] fingers of-the-Roman soldiers, whom they-had-slain.
16. The **slave** was-covering the dead-body of-his-master, **which** he-had-found on-the-ground, with-a-purple cloak.
17. **The** maid-servant said that-the-black cat had-broken **the bowl.**
18. Let-the-attendants fill these cups with-wine and water.
19. Having-despaired-of safety, **the** Helvetii fled across the river.
20. The **towers, which** the Romans built, were sixty feet high.

EXERCISE XXIII.

1. At the beginning of spring [*say*, spring beginning], the east-wind will-roar around the peaks of-these mountains.
2. Having-got-possession-of the city without a struggle, the general left there all the camp-followers.
3. **Hannibal,** having-divided his-army, intrusted one **part to-Mago, but** the **other** he-himself led to-Capua.
4. Nobody **believes** that-the-judges will-acquit Balbus.
5. The **old-man, who** has-been-accused by **Cicero,** will-plead his-own cause in-the-presence-of the people.
6. The conspirators, having-been-driven from the city, held a levy in the fields.
7. Having-remained at-Noricum **for-t**wo-days, they-set-out in-the-evening for-Octodurus with three legions.

14. Puell-a, -*ae*, f.: qui: do, *dĕdi*, 1: lĭ-ber, -*bri*: sum: dign-us, -*a*, -*um*: magn-us, -*a*, -*um*: laus, *laudis*, f.
15. Barbăr-i, -*ōrum*, *plu.*: dē-sĕco, -*sĕcui*, 1: nās-us, -*i*: aur-is, -*is*: dĭgĭt-us, -*i*: Rōmān-us, -*a*, -*um*: mīl-es, -*ĭtis*, m.: qui: inter-fĭcio, -*fēci*, 3.
16. Serv-us, -*i*: tĕgo, 3: cădāv-er, -*ĕris*, n.: dŏmĭnus: qui: in-vĕnio, -*vēni*, 4: hŭm-us, -*i*: purpŭre-us, -*a*, -*um*: palli-um, -*i*, n.
17. Ancill-a, -*ae*: dīco, *dixi*, 3: nĭger: fēl-es, -*is*, f.: frango, *frēgi*, 3: pătĕr-a, -*ae*.
18. Mĭnis-ter, -*tri*: impleo, 2: hic: pōcŭl-um, -*i*, n.: vīn-um, -*i*: et: ăqu-a, -*ae*.
19. Despēro, 1: săl-ūs, -*ūtis*, f.: Helvetii, *plu.*: fŭgio, *fūgi*, 3: trans: flūm-en, -*ĭnis*.
20. Turr-is, -*is*, f.: qui: Rōmāni, *plu.*: con-struo, -*struxi*, 3: sum: sexāginta: pes, m.: alt-us, -*a*, -*um*.

EXERCISE XXIII.

1. Ver, *vĕris*, n.: ĭneo, *anom.*, 4: Eur-us, -*i*: frĕmo, 3: circum: căcūm-en, -*ĭnis*: hic: mons, *montis*, m.
2. Pŏtior, *pŏtītus sum*, *dep.*, 4: urbs, *urbis*: sĭne: certām-en, -*ĭnis*: dux, *dŭcis*: rĕ-linquo, -*līqui*, 3: ĭbi: omn-is, -*e*: lix-a, -*ae*, m.
3. Hannĭbal: partio, 4: exercĭt-us, -*ūs*, m.: com-mitto, -*mīsi*, 3: alter: pars, *partis*, f.: Mag-o, -*ōnis*: sed: alter: ipse: dūco, *duxi*, 3: Căpu-a, -*ae*.
4. Nēmo: crēdo, 3: jūdex, m.: ab-solvo, -*solvi*, -*sŏlūtum*, 3: Balbus.
5. Sĕn-ex, -*is*, m.: qui: accūso, 1: a: Cĭcĕr-o, -*ōnis*: ăgo, 3: suus: caus-a, -*ae*, f.: cōram: pŏpŭl-us, -*i*.
6. Conjūrāt-i, -*ōrum*, *plu.*, m.: ex-pello, -*pŭli*, -*pulsum*, 3: ex: urbs, *urbis*: hăbeo, 2: dēlect-us, -*ūs*: in: ăger, *agri*.
7. Mŏror, *dep.*, 1: Nōrĭc-um, -*i*: bĭdu-um, -*i*: prŏ-fĭciscor, -*fectus sum*, *dep.*, 3: vesp-er, -*ĕri* and -*ĕris*: Octōdūr-us, -*i*: cum: tres: lĕgi-o, -*ōnis*, f.

8. The sailor, whom the robber assailed with-a-stick, used his-fists in-a-wonderful way.
9. Three **cohorts** having-been-left in the **camp**, the general **ordered** the-rest-of his-forces to-cut-down the corn.
10. **The stranger told the** king that-the-queen, having-spoken thus, sat-down.
11. Agamemnon, having-returned to-Mycenae, **was-**murdered by his-own **wife** Clytemnestra.
12. **Troy** having-been-destroyed **in-**the-tenth **year, the in**habitants were-either killed or led-away into slavery.
13. The house, which my friend has-bought, is more-lofty than the temple, which is sacred to-Apollo.
14. The thieves, having-broken-open the doors, have-taken-away the silver statues and gold **rings from** the treasury.
15. In the consulship of Marcus Livius and Claudius Nero [*say*, M. Livius and Cl. Nero being-consuls], **the** Romans heard that-Hasdrubal was-marching with an **immense army into** Italy.
16. **The consul Nero hastened** by-forced marches to the **river Metaurus,** and there **defeated** the forces of-Hasdrubal.
17. These merchants have-sailed from-Rhodes to-Brindisi in-six days.
18. **This king is-said to-**have-reigned **for-five** and thirty years.
19. Marius having-been-conquered, Sulla will-be-made Dictator.

8. Naut-a, *-ae*, m. : qui : latr-o, *-ōnis* : lăcesso, *lăcessīvi*, 3 : fust-is, *-is* : ūtor, *dep.*, 3 : pugn-us, *-i* : mīr-us, *-a, -um* : mŏd-us, *-i*, m.
9. Tres : cŏhors, *cŏhortis*, f. : rĕ-linquo, *-līqui, -lictum*, 3 : in : castr-a, *-ōrum, plu.* : dux, *dŭcis* : jŭbeo, *jussi*, 2 : rĕlĭqu-us, *-a, -um* : cōpi-ae, *-ārum*, f. : dēmĕto, 3 : frūment-um, *-i*.
10. **Advĕn-a**, *-ae* : dīco, dixi, 3 : rex, *rēgis* : rēgīn-a, *-ae*, f. : lŏquor, *lŏcūtus sum, dep.*, 3 : ĭta : con-sīdo, *-sēdi*, 3.
11. Agamemnon, m. : re-grĕdior, *-gressus sum, dep.*, 3 : Mўcēn-ae, *-ārum, plu.* : nĕco, 1 : ab : suus : **ux-or**, *-ōris*, f. : Clўtaemnestr-a, *-ae*.
12. Trōj-a, *-ae*, f. : dēl-eo, *-ēvi, -ētum*, 2 : dĕcĭm-us, *-a, -um* : ann-us, *-i*, m. : incŏl-a, *-ae*, c. : aut : inter-fĭcio, *-fēci, -fectum*, 3 : aut : ab-dūco, *-duxi, -ductum*, 3 : in : servĭt-ūs, *-ūtis*.
13. Dŏm-us, *-ūs*, f. : qui : meus : ămīc-us, *-i*, m. : ĕmo, *ēmi*, 3 : sum : alt-us, *-a, -um* : templ-um, *-i*, n. : qui : sum : să-cer, *-cra, -crum* : Ăpoll-o, *-ĭnis*.
14. Fur, *fūris* : ef-fringo, *-frēgi, -fractum*, 3 : fŏr-is, *-is*, f. : aufĕro, *abstŭli*, 3 : argente-us, *-a, -um* : **stătu-a**, *-ae*, f. : et : aure-us, *-a, -um* : ānŭl-us, *-i*, m. : ab : aerāri-um, *-i*.
15. Marcus Līvius : et : Claudius Nĕr-o, *-ōnis* : cons-ul, *-ŭlis* : Rōmāni, *plu.* : audio, 4 : Hasdrŭb-al, *-ălis* : ĭter .făcio, 3 : cum : ingens : exercĭt-us, *-ūs*, m. : in : Ităli-a, *-ae*.
16. Cons-ul, *-ŭlis* : Nĕr-o, *-ōnis* : con-tendo, *-tendi*, 3 : magn-us, *-a, -um* : **ĭter**, *ĭtĭnĕris*, n. : ad : flūm-en, *-ĭnis* : Mĕtaur-us, *-i* : et : ĭbi : dē-vinco, *-vīci*, 3 : cōpi-ae, *-ārum, plu.* : Hasdrŭb-al, *-ălis*.
17. Hic : mercāt-or, *-ōris*, m. : nāvĭgo, 1 : Rhŏd-us, *-i* : Brundŭsi-um, *-i* : sex : dies, m.
18. Hic : rex, *rēgis*, m : dīcor, 3 : regno, 1 : quinque : et : trīginta : ann-us, *-i*, m.
19. Mări-us, *-i*, m. : vinco, *vīci, victum*, 3 : **Sulla** : fĭo, *anom.* : Dictāt-or, *-ōris*.

20. I, who have-enjoyed **my-supper, return** thanks to-you, who gave me **the food and wine.**

EXERCISE XXIV.

1. **The general** told the centurions that-he wished to-halt at-the-fourth hour.
2. **The** Britons, your ancestors, used-to-live-on milk, honey, [and] the flesh of-wild-beasts, which they-were-accustomed to-hunt in the woods.
3. **The girl heard that-her-mother** had-not-yet **returned home from-the-country.**
4. **We-have-never** seen a **more-beautiful maiden** than Julia, the **sister of-Caius.**
5. The sparrows, which I-have-**found** on-the-ground, are-said **to-have**-perished of-cold and hunger.
6. Regulus, having-returned from-Rome to-Carthage, was-put-to-death with-all-sorts-of tortures.
7. Labienus, whom Caesar deemed-worthy of-the-greatest praise, has-gone from-home.
8. We-know that-Queen Victoria **has**-reigned for-fifty **years.**
9. Alexander, who invaded Persia with an immense **army,** got-possession-of **the** camp and all the **treasure** of-**Darius.**
10. We-believe **that-this** boy is endued with-the-greatest ability.
11. The barbarians were-using brazen **shields** and golden spurs.
12. The legions, which Labienus **led** out-of the **camp** at-dawn, will-encamp at-the-foot-of the hill **at-noon.**

20. Ĕgo : qui : fruor, *fructus* and *fruitus sum, dep.*, 3 : caen-a, -*ae* : ăgo, 3 : grāti-ae, -*ārum, plu.* : tu : qui : do, *dĕdi*, 1 : ĕgo : cĭbus, -*i* : et : vīn-um, -*i*.

EXERCISE XXIV.

1. Dux, *dŭcis* : **dīco**, *dixi*, 3 : centŭri-o, -*ōnis* : se : **vŏlo**, *anom.* : consisto, 3 : quart-us, -*a*, -*um* : hōr-a, -*ae*, f.
2. **Brĭtanni**, *plu.* : vester : mājōr-es, -*um*, **plu.** : vescor, *dep.* 3 : lac, *lactis* : mel, *mellis* : **căro**, *carnis* : fĕr-a, -*ae*, f. : qui : **sŏleo**, 2 : **vēnor**, *dep.*, 1 : **in** : silv-a, -*ae*.
3. Puell-a, -*ae* : audio, 4 : **mā-ter**, -*tris* : nondum : rĕd-eo, -*ii, anom.*, 4 : dŏm-us, -*ūs* : rus, *rūris*.
4. Nunquam : vĭdeo, *vīdi*, 2 : pul-cher, -*chra*, -*chrum* : virgo, f. : Jūli-a, -*ae* : sŏr-or, -*ōris* : Caius.
5. Pass-er, -*ĕris*, m. : qui : **in-vĕnio**, -*vēni*, 4 : hŭm-us, -*i* : dīcor, 3 : pĕr-eo, -*ii, anom.*, 4 : frīg-us, -*ŏris* : et : făm-es, -*is*.
6. Regŭlus, m. : re-grĕdior, -*gressus sum, dep.*, 3 : Rōm-a, -*ae* : Carthāg-o, -*ĭnis* : inter-fĭcio, -*fēci*, -*fectum*, 3 : omn-is, -e : torment-um, -*i*, n.
7. Labiēnus, m. : qui : Caesar : dignor, *dep.*, 1 : **magn-us**, -*a*, -*um* : laus, *laudis*, f. : ex-cēdo, -*cessi*, 3 : dŏm-us, -*ūs*.
8. Scio, 4 : Rēgīn-a, -*ae* : Victōri-a, -*ae* : regno, 1 : quin-quāginta : ann-us, -*i*, m.
9. Ălexander, m. : qui : in-vādo, -*vāsi*, 3 : Persi-a, -*ae* : **cum** : **ingens** : exercĭt-us, -*ūs*, m. : pŏtior, *pŏtītus sum, dep.*, 4 : castr-a, -*ōrum*, *plu.* : et : omn-is, -e : gāz-a, -*ae* : **Dārī-us**, -*i*.
10. Crēdo, 3 : hic : **puer**, m. : sum : praedĭt-us, -*a*, -*um* : magn-us, -*a*, -*um* : ingĕni-um, -*i*, n.
11. Barbăr-i, -*ōrum*, *plu.* : ūtor, *dep.*, 3 : ăēne-us, -*a*, -*um* : scūt-um, -*i*, n. : et : aure-us, -*a*, -*um* : calcar, n.
12. Lĕgi-o, -*ōnis*, f. : qui : Labiēnus : dūco, *duxi*, 3 : e : castr-a, -*ōrum*, *plu.* : **prīma** lux, *prīmae lūcis* : consīdo, 3 : sub : coll-is, -*is* : mĕrīdi-es, -*ēi*.

13. We-hear that-this philosopher has-lived for-six months at-York.
14. The soldiers, who had-already marched fifteen miles, fortified the camp with-a-high rampart and a broad ditch.
15. At the beginning of spring [*say*, spring beginning], this river swells beyond its-banks.
16. Antonius would-have-surrounded Caesar's head with-a-golden crown.
17. The spies announce that-Marius has-conquered the Cimbri.
18. The general, having-learned these things, hastened by-forced marches from-York to-London.
19. The Romans, having-disembarked from their-ships, were-waiting-for the arrival of-the-ambassadors.
20. Hannibal, who had-been-made general by-the-consent of-all, subdued all the tribes of-Spain in-a-few years.

EXERCISE XXV.

1. Vercingetorix, having-sustained so-many successive reverses at-Vellaunodunum, at-Genabum, [and] at-Noviodunum, summons his-men to a council.
2. This philosopher will-deny that-the-earth is round.
3. The poets relate that-Rome was-founded by Romulus.
4. We-perceive that-the-old-woman is deaf and blind.
5. The enemy have-retired from their-camp, which was-distant about forty miles from Byzantium.

13. Audio, 4 : hic : phĭlŏsŏph-us, -i, m. : hăbĭto, 1 : sex : mens-is, -is, m. : Eborāc-um, -i.
14. Mīl-es, -ĭtis, m.: qui : jam : ĭter făcio, fēci, 3 : quindĕcim : mille passūs : mūnio, 4 : castr-a, -ōrum, plu. : alt-us, -a, -um : vall-um, -i, n. : et : lāt-us, -a, -um : foss-a, -ae, f.
15. Ver, vēris, n. : ĭneo, anom., 4 : hic : flūm-en, -ĭnis, n. : tŭmesco, 3 : supra : rīp-a, -ae.
16. Antōnius : cingo, cinxi, 3 : căput : Caes-ar, -ăris : aure-us, -a, -um : cŏrōn-a, -ae, f.
17. Spĕcŭlāt-or, -ōris : nuntio, 1 : Mărius : vinco, vīci, 3 : Cimbri, plu.
18. Dux, dŭcis : cogn-osco, -ōvi, -ĭtum, 3 : hic : res, rĕi, f. : prŏpĕro, 1 : magn-us, -a, -um : ĭter, ĭtĭnĕris, n. : Eborāc-um, -i : Londīni-um, -i.
19. Rōmāni, plu. : e-grĕdior, -gressus sum, dep., 3 : e : nāv-is, -is : expecto, 1 : advent-us, -ūs : lēgāt-us, -i.
20. Hannĭbal, m. : qui : fīo, factus sum, anom. : dux, dŭcis : consens-us, -ūs : omn-is, -e : sub-ĭgo, -ēgi, 3 : omn-is, -e : gens, gentis, f. : Hispāni-a, -ae : pauc-i, -ae, -a : ann-us, -i, m.

EXERCISE XXV.

1. Vercingetŏrix : ac-cĭpio, -cēpi, -ceptum, 3 : tot, indecl. : contĭnu-us, -a, -um : incommŏd-um, -i, n. : Vellauno-dūn-um, -i : Genāb-um, -i : Noviodūn-um, -i : con-vŏco, 1 : suus : ad : concĭli-um, -i.
2. Hic : phĭlŏsŏph-us, -i, m. : nĕgo, 1 : terr-a, -ae, f. : sum : rŏtund-us, -a, -um.
3. Poēt-a, -ae : narro, 1 : Rōm-a, -ae, f. : con-do, -dĭdi, -dĭtum, 3 : a : Rōmŭlus.
4. Sentio, 4 : ăn-us, -ūs, f. : sum : surd-us, -a, -um : et : caec-us, -a, -um.
5. Host-is, -is : rĕ-cēdo, -cessi, 3 : e : castr-a, -ōrum, plu., n. : qui : absum : circĭter : quadrāginta : mille passūs : a : Byzanti-um, -i.

6. This lake is-said to-be sixty-nine miles long and seventy feet deep.
7. The **Remi promised** that-they **would-give us** six-hundred hostages.
8. **We-all know that-fire** is-hot, and that-leaves are **green**.
9. This **sailor, whose** courage is worthy of-the-greatest **praise,** has-slept for-seven hours on-the-ground **under** a spreading oak.
10. **Darius** having-been-conquered and killed, Alexander got-possession-of the-whole-of **Asia**.
11. Having-sent-for **his-father** and mother, the youth read the letter, which he-had-received concerning the death of-his-friend **Balbus**.
12. You being-our-leader, **we-shall-be** safe from every danger.
13. In-the-summer Caesar will-lead **the** legions from the cities, in which they-are-wintering.
14. In the reign **of Servius** Tullius [*say*, Servius Tullius reigning] **many** wolves lived **in** these forests.
15. **The** signal having-been-given, **the** soldiers are-recalled **from** their-work.
16. Let-us-set-out in-the-early spring **for-**Venusia.
17. **Remain** ye at-home : **I will-go** from-Tarentum **to-Syracuse.**
18. The **Gauls thought** that-the-tower was **ninety** feet high.
19. Let-the-boy, who **has-been** most-diligent, **receive the** prize.
20. Having-finished our-work, we-shall-enjoy rest, **O-companions.**

6. Hic : lăc-us, -ŭs, m. : dīcor, 3 : sum : sexāginta nŏvem : mille passūs : long-us, -a, -um : et : septuāgintá : pes, m. : alt-us, -a, -um.
7. Remi, plu., m. : pol-lĭceor, -lĭcĭtus sum, dep., 2 : se : do, dĕdi, dătum, 1 : ĕgo : sexcent-i, -ae, -a : obs-es, -ĭdis, c.
8. Omn-is, -e : scio, 4 : ign-is, -is : căleo, 2 : et : frons, frondis, f. : sum : vĭrĭd-is, -e.
9. Hic : naut-a, -ae, m. : qui : fortĭtūd-o, -ĭnis, f. : sum : dign-us, -a, -um : magn-us, -a, -um : laus, laudis, f. : dormio, 4 : septem : hōr-a, -ae, f. : hŭm-us, -i : sub : pătŭl-us, -a, -um : querc-us, -ūs, f.
10. Dārius, -i, m. : vinco, vīci, victum, 3 : et : inter-fĭcio, -fēci, -fectum, 3 : Ălexander, m. : pŏtior, pŏtītus sum, dep., 4 : tōt-us, -a, -um : Asi-a, -ae, f.
11. Arcesso, arcessīvi, arcessītum, 3 : păter, m. : et : mā-ter, -tris, f. : jŭvĕn-is, -is : rĕcĭto, 1 : lĭtĕr-ae, -ārum, plu., f. : qui : ac-cĭpio, -cēpi, -ceptum : de : mors, mortis : ămīc-us, -i : Balbus.
12. Tu : dux, dŭcis : sum : tūt-us, -a, -um : ab : omn-is, -e : pĕrīcŭl-um, -i, n.
13. Aest-as, -ātis : Caesar : dūco, 3 : lĕgi-o, -ōnis : ex : urbs, urbis, f. : in : qui : hiĕmo, 1.
14. Servius Tullius : regno, 1 : mult-us, -a, -um : lŭp-us, -i, m. : vīvo, vixi, 3 : in : hic : silv-a, -ae, f.
15. Sign-um, -i, n. : do, dĕdi, dătum, 1 : mīl-es, -ĭtis, m. : rĕvŏco, 1 : ab : ŏp-us, -ĕris.
16. Prŏfĭciscor, dep., 3 : nŏv-us, -a, -um : ver, vēris, n. : Vĕnŭsi-a, -ae.
17. Măneo, 2 : tu : dŏm-us, -ūs : ĕgo : eo, anom., 4 : Tărent-um, -i : Sўrācūs-ae, -ārum, plu.
18. Galli, plu. : existĭmo, 1 : turr-is, -is, f. : sum : nōnāginta : pes, m. : alt-us, -a, -um.
19. Puer, m. : qui : sum : dīlĭg-ens, -entis, adj. : accĭpio, 3 : praemi-um, -i.
20. Con-fĭcio, -fēci, -fectum, 3 : ŏp-us, -ĕris, n. : fruor, dep., 3 : qui-es, -ētis : cŏm-es, -ĭtis.

PRINTED BY T. AND A. CONSTABLE, PRINTERS TO HER MAJESTY,
AT THE EDINBURGH UNIVERSITY PRESS.